검찰 정상화
공격이 최선의 방어다

탈당의 정치

민형배 지음

단비P&B

차례

머리말

지난해 4월 20일 더불어민주당을 탈당했다. 올해 4월 26일 더불어민주당에 복당했다. 무소속 국회의원으로 1년 남짓 여의도에서 좌충우돌했다. 이 시기는 윤석열 정부 출범 1년과 대략 일치한다.

나의 탈당은 특정한 목적 달성을 위한 '정치 기획'이었다. 목적은 '검찰 정상화'였고, 탈당 당시 주어진 과제는 「검찰청법」·「형사소송법」개정이었다. 격렬한 진통 끝에 개정안은 국회 본회의를 통과했다.

탈당을 활용한 법안 처리가 보기에 좋지 않다는 점은 분명하다. 하지만 보기에 좋지 않더라도 꼭 해야만 하는 일이 있다. 장화에 흙이 달라붙는 걸 두려워해서는 농사를 지을 수 없지 않겠는가.

우리 헌정사에서 목적 달성을 위한 정치 기획은 수두룩

하다. 단식, 장외 투쟁, 천막 당사, 창당, 합당, 당명 바꾸기, 교섭단체 등록을 위한 연정, 후보 단일화, 대선 승리를 위한 정당 연합……. 역사적으로 충분히 확인된, 결코 낯설지 않은 정치 기획들이다.

예컨대 20대 국회에서는 14석인 민주평화당과 6석의 정의당이 연대하여 '평화와 정의의 의원 모임'이라는 이름의 공동 교섭단체를 2018년 4월 22일 출범시켰고, 같은 해 7월 23일 정의당 노회찬 의원의 사망으로 해체됐다. 제16대 국회에서는 교섭단체 의석 획득에 실패한 자유민주연합을 위해 공동 여당이었던 새천년민주당이 의원 3명을 자유민주연합으로 보내 20석을 채웠다. 기준 국회 교섭단체 요건을 맞춘 사례였다. 모두 특정 목적 달성을 위한 정치 기획들이다.

이러한 종류의 기획들에는 언제나 무성하게 뒷말이 따랐다. 기획들에 대한 평가는 대개 '결과'에 종속됐다. 예컨대 DJP연합은 수평적 정권 교체에 기여함으로써 성공적인 정치 기획으로 평가받고 있다. 교섭단체 등록을 목적으로 한 '민주평화당 + 정의당' 연정 또한 주권자들에게 의미 있는 정치적 효능을 제공한 것으로 평가받았다. 반면에 '노태우 + 김영삼 + 김종필'의 3당 합당은 한국 정치를 크게 후퇴시킨 나쁜 선례로 지금도 비난받고 있다.

말하고자 하는 바는 '정치 기획'을 대하는 우리들의 자세이다. 모든 정치 기획은 두 가지 속성을 동시에 지니고 있다. 첫째는 기존의 정치 문법, 혹은 제도, 틀에서 벗어난다는 점이다. 둘째는 그 기획이 빚어내는 '결과'에 따라 역사적 평가를 받는다는 점이다.

나의 탈당은 「국회법」의 테두리 안에서 운용의 묘를 부릴 수 있는 정치적 선택지 중 하나였다. 그러나 반듯한 절차를 벗어난 것이어서 수구 세력은 물론, 일부 진보 진영의 비난을 받았다. 불법도 탈법도 아니었으므로 '위장 탈당'이라는 언어로 프레임화하여 엄청난 양의 비난을 쏟아냈다. 그 비난은 지금까지도 계속되고 있다.

수구 세력의 비난으로만 보면 국회의원 1명의 탈당이 '3당 합당'보다 더 심각한 정치적 일탈인 것 같다. 여하튼 보기 좋은 모습은 아닌 까닭에 쏟아지는 비난을 감수할 각오였고, 여태껏 특별한 반론을 삼가면서 견뎌 내고 있었다. 정치 기획이 지니고 있는 첫 번째 속성에 따른 어쩔 수 없는 숙명이라 여기고 있다.

내가 안타까웠던 것은 정치 기획의 두 번째 속성, 즉 '평가'를 위한 '판단의 공론장'이 형성되지 않았다는 사실이다. 국회의원 민형배의 탈당에 따라 부분적으로나마 '검찰 정상화' 입법이 한 걸음 더 나아갔는데, 과연 이 나아감이 어떤 의미를 갖는 것인지, 의미가 있기는 한 것인지, 왈가왈부하는 말들을 도무지 들을 수가 없었던 것이다.

좀 더 구체적으로 살펴보자면, 지난해 「검찰청법」·「형사소송법」 개정 당시 시도된 정치 기획은 두 가지였다. 하나는 나의 탈당이었고, 또 하나는 국민의힘의 합의안 파기였다. 박병석 의장이 중재안을 내놨고, 국민의힘 의원총회에서 '박수'까지 받으며 추인받은 합의안이었다. 그런데 권성동 원내대표가 갑자기 합의를 번복했다. 국민의힘 의원들의 추인을 뒤엎을 수 있는 '힘'은 윤석열 대통령밖에 없었을 것이다.

탈당은 「검찰청법」·「형사소송법」을 개정하려는 운동력이었고, 합의 파기는 그 개정을 막기 위한 움직임이었다. 국민의힘의 합의 번복을 문제 삼는 기사량은 탈당에 쏟아진 비난의 1/100도 되지 않았다. 지금은 합의 번복이라는 게 있었는지도 알 수 없을 만큼, 누구도 언급하지 않고 있다. 두 기획 모두 「검찰청법」·「형사소송법」 개정에 연결되었지만, 관심과 비난은 온통 나의 탈당에만 향했던 것이다.

이처럼 기울어진 운동장에서 1년여를 보내고 나니 자구책을 마련하지 않을 수 없었다. 탈당을 전후해 국회에서 어떤 일들이 벌어졌는지, 탈당까지 감행하면서까지 고치려 한 법안의 내용은 무엇인지, 수구 세력들은 왜 그렇게 집요하게 '위장 탈당' 운운하며 공격하고 '권한쟁의 심판 청구 및 효력정지 가처분 신청'까지 하면서 법안을 원위치시키려 사활을 걸었는지 등을 기록할 필요성을 느낀 것이다.

자구책이라고 했는데, 이 기록이 개인 민형배를 위한 것만은 아니다. 탈당의 이유는 '검찰 정상화' 때문이었다. 검찰 정상화는 우리나라 민주주의는 물론, 일상을 살아가는 시민들의 삶과 밀접히 연관되어 있다. 역사적으로 비유하자면, 쿠데타를 못 하도록 군부를 중립화시키고, 간첩 조작이나 고문을 못 하도록 국정원을 정상화시키는 것과 유사한 맥락에 검찰 정상화가 있다. 그래서 감히 나는 이 기록의 목적 중 하나로 '대한민국 민주주의와 시민의 자유'를 꼽는다.

윤석열 정부 출범 이후 이재명 당대표에 대한 검찰의 구속영장 청구가 기각된 '대형 사건'이 벌어진 때까지 대략 1년 6개월 동안 대한민국 정부 권력을 쥔 검찰 권력은 쉼없이 난동을 부렸다. 참으로 처참한 시간이었다. 노골적인 민주주의 파괴, 국격 추락, 외교안보 위기 등 이 시기 동안 검찰 정부의 파행적인 국정 운영은 열거하기가 힘들 정도이다. 열거 목록은 지금도 계속 늘어나고 있다.

화나고 안타까운 일이지만, 한편으로는 '검찰 정부'의 알몸이 드러남으로써 그들의 추악한 실체를 주권자들이 확인할 수 있게 됐다는 긍정의 효과도 있다. '탈당을 통한 검찰 정상화 입법' 노력이 나쁜 정치 기획만은 아니었다는 점 또한 '검찰 정부'의 추악한 알몸을 통해 확인하는 순간이다. 검찰 정부가 어디까지 갈지 지금으로서는 짐작조차 할 수 없다.

이 기록물 작업을 시작할 즈음 때맞춰 참여연대가 『검사의 나라, 이제 1년』이라는 보고서를 냈다. 부제는 "윤석열 정부 검찰⁺ 보고서 2023"이다. 지난해 윤석열 정부 출범부터 올해 5월까지 '윤석열 정부 1년 검찰'의 여러 해악들을 다룬 보고서이다.

나는 나의 정치적 행위와 의견에 따라 이 글을 쓰고 있다. 참여연대는 2003년 김대중 정부 5년의 검찰에 대한 종합 평가를 담은 『검찰백서』를 시작으로, 2008년 이명박 정부부터 현재까지 매년 검찰 권한의 오남용을 감시하며 중요하고 의미 있는 수사를 기록 및 평가해 왔다. 이번이 열다섯 번째 보고서이다. 보고서 서문이 나의 문제의식과 일치하여 일부를 인용한다.

검사의 나라 1년, 바로잡을 힘은 시민에게 있습니다.

윤석열 정부 1년, 정부와 법무부는 일관되게 검찰의 힘을 키우는 데 몰두했습니다.

전현직 검사 출신들이 각종 권력 기관에 진출했고, 요직을 장악했습니다. 검사 출신들이 득세한 정부 기관들은 법치주의를 내세우며, 수사의 칼날을 전가의 보도처럼 내세우고 있습니다.

윤석열 정부는 검찰의 권력을 회복하기 위해 법률과 헌법에도 도전했습니다. 상위법의 취지에 위배되는 시행령을 만들고, 헌법재판소에는 법률에 대한 권한쟁의 심판을 청구했습니다. 검찰의 수사권이 헌법의 권한이라고 주장했습니다. 헌법재판소는 이런 주장들을 받아들이지 않았지만, 법무부는 위헌적 시도를 되돌리지 않고 있습니다.

검찰공화국에서도 검찰 감시는 중단 없이 계속되어야 합니다. 당장의 변화를 기대하기 어렵다 하더라도, 성실한 기록과 기억은 곧 도래할 개혁의 등불이 될 수 있습니다.

그래서 참여연대는 올해도 15번째 검찰보고서를 만들었습니다.

검찰보고서는 검찰 수사와 권한의 오남용에 대한 참여연대의 고유한 기록물입니다. 검찰 개혁을 열망하는 시민의 응원과 지지는 매일의 감시와 기록을 가능하게 하는 에너지입니다.

시민의 힘으로 만들어진 검찰보고서는 전국의 검사들에게 직접 전달됩니다.

짧은 서문에 윤석열 정부 1년, 곧 검사의 나라 1년의 참담함이 잘 담겨 있다. "당장의 변화를 기대하기 어렵다 하더라도, 성실한 기록과 기억은 곧 도래할 개혁의 등불이 될 수 있습니다"라는 문구가 눈에 띈다.

나의 탈당이 '형식적 거죽'으로 비난받더라도, 다른 한편으로는 개혁의 등불로 평가받기를 바랐다. 탈당까지 감행하면서 꼭 고치려 했던 「검찰청법」·「형사소송법」 개정의 절박함을 '어느 정도'는 이해받을 수 있을 것으로 생각하고 있다. 당장은 아니더라도 가까운 미래에 온당히 평가받을 것으로 기대한다.

2022년 3월 9일 밤을 지나면서 깊은 절망에 빠졌다. 야당이 되었기 때문이 아니다. 새로 들어설 정부가 검찰 정부가 될 수밖에 없고, 그러면 국회의원으로서 할 수 있는 일이 아무것도 없을 것 같았다. 2021년 1월, 내가 이재명 경기도지사 지지를 선언했을 때, 그가 반드시 대통령이 될 수 있을 거라고 판단해서 그런 건 아니었다. 이재명의 정치 철학에 동의했고, 그가 걸어온 삶을 긍정해서 그가 대통령이 되어야 한다고 생각했기 때문이었다.

민주당 경선 초기부터 당시 대선은 49 : 51 싸움이라 봤고, 만약 우리가 안간힘을 다해 이긴다면 1%p 안팎에서 승부가 날 것이라 예상했다. 마침내 그 지점에 이르렀다고 판단했다. 그래서 최선을 다하면 이길 수도 있겠다 싶었다. 이재명 후보의 지지율은 상승세였기 때문에 더욱 그런 기대감을 갖게 했다. 그러나 투표일을 일주일 앞둔 3월 3일 안철수와 윤석열의 단일화 선언이 있었다. 최대 위기였다. 가능성이 흐릿해지는 순간이었다. 이 상황에 대응하는 유일한 방법은 심상정과의 단일화뿐이었다. 백방으로 노력했지만, 정의당은 만남조차 거부했다. 그렇게 패배한 뒤 한동안 뒤척였다. 검찰 국가로 가는 게 너무 확연해 보였기 때문에 절망했다. 너무 캄캄했다. 한 달쯤 여러 가지 생각을 하다 '한 번 더 싸우지 않으면 안 되겠다' 싶었다. '노무현의 죽음'과 함께 정치에 뛰어든 이유를 다시 생각했다. 결국 다음 대선까지는 치러야겠다고 마음먹었다.

지금, '검찰 정부'를 넘어서지 않고서는 민주주의 회복이 불가능하다고 본다. 이제 싸우는 일만 남았다. 그 첫 번째 싸움이 탈당을 통한 검찰 수사권 축소였다. 탈당은 격렬한 비난에 직면했다. 탈당을 하면서까지 도달하고자 했던 검찰 정상화는 '일단' 실패했다. 정치는 보이지 않고 검찰 권력만 칼춤을 추고 있다. 기록으로 남기지 않을 도리가 없다. 이 책은 그래서 검찰이 어떻게 정부를 장악했고, 검찰 국가를 완성하기 위해 어디로 가고 있는지, 내가 탈당을 할 수밖에 없었던 이유는 무엇인지, 그 과정에서 우리는 무엇을 놓쳤는지, 앞으로 어떻게 해야 할 것인지를 담은 기록이다.

그러니까 이 글은 '탈당에 대한 변명'이 아니다. 나는 나의 탈당을 적극적으로 옹호한다. 꼭 필요한 정치 기획이었고, 검찰 정상화로 가는 길의 디딤돌 역할을 수행했다고 자부한다. 전문적인 연구 논문은 아니지만, 정치인으로서의 문제의식을 기록으로 남겨 기대, 옹호, 자부의 근거를 밝히고자 한다.

2023년 11월 11일

제1장

검찰

1

노골적인 정치 폭력,
궁지에 몰린 '검찰' 반증

국가가 유지되고 전진하기 위해서는 여러 '힘들'이 필요하다. 군대는 국가 영역 바깥의 위험을 방어하기 위한 힘이고, 경찰은 국가 내부의 위험을 제어하기 위한 물리력이다. 검찰은 국가의 여러 위험들을 제어하는 데 필요한 '법적 기준'을 준수하도록 강제하는 힘이고, 나아가 '법적 절차'를 진행하는 주체이다. 직접적인 물리력을 행사하는 힘이 경찰이라면, 검찰은 그 물리력 행사가 법적으로 정당하게 집행되도록 관리·통제하는 힘이다. 이 책의 주제와 관련해 말한다면, 경찰의 수사가 위법하지 않게 '지휘'하는 것이 검찰의 힘이다. 그렇게 해서 나온 수사 결과를 놓고 '기소'하거나 '기소 유예'하거나 '혐의 없음'으로 종결시키는 등 '법적 절차'를 개시하거나 마무리하는 힘이 검찰의 권한이다.

한국의 검찰은 경찰의 수사가 위법하지 않게 지휘하는 것을 넘어 수사 자체를 지휘한다. 검찰 맘먹기에 따라 해야 할 수사를 멈추게 할 수 있고, 하지 않아도 되는 수사를 강제할 수 있다. 수사 결과를 법정으로 가져가 유무죄를 따져 봐야 할 것인데도, 역시 검찰 맘먹기에 따라 아예 법정으로 가져가지 않을 수도 있다. 법정으로 가져가면 '무죄'가 날 것이 빤한데도 무리하게 기소해 법적 절차를 진행할 수도 있다. 이 경우에는 법정으로 가져가기 전에 혐의 사실을 언론에 흘리고, 어떤 경우에는 사실도 아니고 혐의도 없는데 가짜 혐의를 기자들에게 귀띔으로 전해 언론 보도를 유도한다. 본 재판이 진행되기 전에 '여론 재판'을 통해 자신들의 목적을 달성하려는 의도이다. 전형적인 '검언 유착'이다. 온 국민이 지켜보는 정치적인 사건을 다루는 데도 '검찰 맘대로'는 거침이 없다. 평범한 개인이나 기업을 다룰 때 검찰이 어떻게 할까를 생각하면 아찔해진다.

이 같은 검찰의 행태가 최근 문제만은 아니다. 하지만 근래 검찰 행태는 '노골적'이라는 데서 특별하다. 노골적이라는 것에는 세 가지 중요한 뜻이 담겨 있다.

첫째, 노골적으로 해도 되니까 노골적일 수 있다. 그 뻔뻔함을 제어할 다른 힘이 없다는 뜻이다. 동시에 그 뻔뻔함을 '마사지'해 주는 또 다른 힘의 도움이 있다는 점이다. 둘째, 노골적이라는 건 제도가 아니다. 습속이다. 말하자면 노골성의 한계는 정해지지 않았다. 직전 대선에서 0.73%p 차로 낙마한 야당 대표를 727일 동안 3개의 검찰청, 검사 70명이 376번 압수수색하는 정도에까지 이르렀다. 셋째, 노골적이고 뻔뻔하지 않으면 안 되는 어떤 다급성, 또는 위기의식이 검찰 자신에게 있다는 사실이다. 이 세 가지와 연관된 이야기들을 책의 본문 여기저기에 적시했다. 나의 탈당을 포함해 검찰 정상화를 바라는 시민과 민주당의 치열한 싸움 또한 이 셋과 이어져 있다.

수사권과 기소권을 모두 가지고 있으니 노골적일 수 있다. 특히 기소권을 독점적으로 가지고 있으니 더욱 노골적일 수 있다. 기소권은 고위공직자범죄수사처(공수처) 설립으로 검찰 외 기관도 갖게 되었지만, 여전히 '검사'만의 전유물이다(군 검찰 또한 검찰 외 기관이라 할 수 있는데, 논외로 한다). 검찰의 노골성을 '마사지'해 주는 대표적인 힘이 언론이다. 대부분의 언론이 그러하므로 굳이 '일부 언론'이라 말하지 않겠다. 수사와 기소 분리, 검사장 직선제, 언론 개혁 이야기가 꾸준히 거론되는 배경이다. 노골성의 첫 번째 함의이다.

두 번째 함의는 '인치人治'의 문제이다. 제도 설계가 아무리 잘되어 있다 하더라도 인간이 운용하는 이상 개인의 특질이 투영되기 마련이다. 다만 검찰의 경우 법률이나 제도의 취지에서 한참을 벗어나 '개인기'를 발휘하더라도 그것이 명백한 위법만 아니면 허용되는 사회 분위기가 있다. '범죄'를 다루기 때문에 관용의 폭이 넓다는 추론이 가능한데, 이 대목에서도 언론의 협조가 한몫 거든다. 명백한 위법이라 할지라도 그 위법의 수사·기소 또한 검찰의 권한이다. 검찰은 검찰에게 죄를 묻지 않는다. 법치가 인치로 부적절하게 확장될 수 있는 배경이다. 노골성의 두 번째 함의이다.

검찰과 보수 정당은 꽤 괜찮은 협조 관계였다. 지금은 변했다. 한동안은 보수 정당이 특정 목적 달성을 위해 검찰에게 일을 시켰다. 그 대가로 보수 정당은 검찰 권력을 보호해 주었다. 촛불혁명을 거치면서 검찰은 보수 정당의 본진을 헤집었다. 어쩌면 더불어민주당이 이때 검찰과 '뒤에서' 손을 잡았다면 지금 같은 상황은 오지 않았을지도 모른다. 더불어민주당은 촛불 시민의 뜻에 따라 검찰을 정상화시키려 했다. 자신들의 해체에 저항하기 위해 검찰은 제 역할을 하지 못하는 보수 정당을 대신해 정치 전선으로 직접 뛰어들었다.

처음에는 윤석열 검찰총장을 정점으로 한 검찰의 힘으로, 이어서는 대통령 선거로, 그리고 지금은 야당을 파괴하고 내년 총선을 준비하는 국가 권력의 힘으로 '검찰 정치'를 밀어붙이고 있다. 시절이 좋을 때 검찰은 '독립성', '중립성' 같은 우아한 말로 자기 권력을 지켰다. 지금은 그렇게 우아할 수가 없다. 해체당하지 않기 위해서는 노골적일 수밖에 없다. 체면 구기기를 마다하지 않는 검찰의 뻔뻔함에는 지금껏 누려 온 방대한 권한을 지키고자 하는 절박함이 있다. 절박함은 두려움으로 이어진다.

그래서 "과장된 어법, 끝없이 적을 만들어 내는 모습은 자신감이나 자긍심의 발로일 수 없고, 그저 내재된 여러 두려움에 대한 반사작용을 하고 있는 과정이다"라는 이준석 전 국민의힘 대표의 진단은 정확해 보인다. 대통령을 염두에 둔 분석이지만, 한동훈과 검찰로까지 확대 적용해도 아주 잘 들어맞는다.[1] 그들 또한 사력을 다해 '마지막 전선'을 사수하고 있는 중이다. 한 발자국만 삐끗하면 자신들의 권력이 와르르 무너질 것이라는 점을 잘 알고 있다는 반증이다. 이 말은, 우리가 한 번만 힘을 더 쓰면 검찰 정상화가 가능하다는 의미이기도 하다. 노골성의 세 번째 함의이다.

그렇다. 나는 멀지 않은 때에 검찰 정상화가 가능하리라는 확신을 가지고 있다. 세부적으로, 그리고 추가적으로 해야 할 많은 후속 조치가 있겠지만, 핵심을 잘 수습하면 나머지는 시간문제이다. 김영삼 대통령이 전격적으로 '하나회'를 척결할 수 있었던 배경에는 '군부 독재' 종식을 바라는 전 국민적 합의와 염원이라는 거대한 '뒷심'이 있었다. 군부 독재의 폐해는 피 흘리고 사람이 죽는, 눈에 보이는 명백한 현실이었다. 검찰의 폐해는 상당한 수준의 법지식이 아니고서는 알아차리기 어려운

'은밀한 폭력'이다. 윤석열·한동훈 검찰의 노골성은 그 폭력의 은밀성이 사라지고, 노골성이 충분히 노출되고 있다는 점에서 의미가 있다. 노골적이지 않고서는 검찰 권력을 지키기 어렵게 됐다는 현실의 반영이 윤석열·한동훈이다.

이제 '은밀한 폭력'은 과거형이 되었다. 폭력은 노골적으로 노출되고 있다. 검찰 정상화를 바라는 전 국민적 합의와 염원의 켜가 점점 두꺼워지고 있는 중이다. 보수 정당 내부에서조차 '이건 아니다'는 인식이 확산되고 있다. 표면적으로는 검찰 권력이 민주당을 공격하고 있는데, 그 본질이 '정치 해체'이기 때문이다. 검찰 대통령에 이어 보수 정당의 인적 구성을 '검찰 출신'으로 채우려는 것이 윤석열 정부의 내년 총선 목표이다.

윤석열 정부 출범 2년째가 되어 간다. 검찰 정부가 잘한 일은 하나도 없다. 상징이 아니라 현실이다. 어떤 지표도 나아진 게 없다. 대한민국이 빠른 속도로 추락하고 있다. 내년 총선은 국민의힘이냐, 더불어민주당이냐를 넘어 후진국이냐, 선진국이냐를 결정짓는 중차대한 기점이 될 것이다.

이른바 '정치 검찰'은 한 줌이다. 검찰 권력의 무능이 확인되었고, 이제는 무기력으로 나아가는 중이다. 헌법재판소 권한쟁의 심판 청구 소송이 기각되었고, 이재명 대표뿐 아니라 문재인 정부 주요 인사들에 대한 구속영장 청구도 기각되었다. 검찰발 '헛발질'은 앞으로도 계속될 것이다. 자신들의 '칼'로 정치를 재단하겠다는 야무진 발상은 강서구청장 선거 참패에서 일장춘몽임이 확인되었다. 저들은 지금 헤매고 있다. 팽팽한 듯 보이는 저울추도 기우는 데는 0.1g의 먼지면 충분하다. 한 번 더 밀어붙이면 와르르 무너지는, 그때가 오고 있다. 오면, 우리는 질서정연하게 검찰 정상화 프로세스의 남은 과제를 추진해야 한다. 그러기 위해서는 지금의 자잘한 승패와는 별도로, 검찰 정상화에 대한 굳건한 의지를 지키고, 정밀한 기획을 준비해야 하며, 국민적 열정을 모아야 한다. 이 책을 쓴 목적이기도 하다.

검찰은 국가를 유지하고 전진시키는 여러 힘들 중 하나이고, 또 그래야만 한다. 오늘의 검찰은 국가 시스템의 최상위 포식자가 되려 하고, 그렇게 된 것처럼 보인다. 단지 보일 뿐이다. 검찰 또한 궁지에 몰려서 저토록 포악하게 구는 것이다. 포악하게 구는 것 외에 다른 기획을 할 줄 몰라 오직 '검찰 권력'에만 의존하고 있는 모습은, 한편으로 짠하기까지 하다. 그 와중에 희생된 분들이 있어 안타깝다. 더 많은 희생이 있을 수 있고, 나 또한 표적이 될지도 모르겠다. 희생의 반복, 확대를 막기 위해서라도 검찰 정상화가 필요하다. 정치적 쟁투의 와중에 발생하는 '정치 엘리트'의 희생 수준이 아니다. 전 국민이 잠재적 희생자라는 점에서 지금 검찰의 행태는 이전의 파워 블록 내부의 싸움과는 차원이 다르다. 무슨 소리를 듣든, 역사에 어떻게 기록되든, 검찰의 초과 권력 일부나마 제자리로 돌려놓고자 탈당을 결단한 근거가 여기에 있다. 그 이야기를 차근차근 해 보고자 한다.

2
검찰 정상화를 위한 탈당,
가치 있는 편법

탈당은 검찰 정상화를 위한 정치 기획이었다. 이전과는 다른 문법, 낯선 행동을 동반하는 게 정치 기획의 성격이다. 따라서 정치 기획은 거센 비난과 열띤 지지 두 갈래의 '정치적 반응'을 만나게 된다. 나의 탈당이 꼭 그랬다.

절차적 정당성을 훼손했다는 게 비난의 중심 논리였다. 검찰 정상화를 위해서 꼭 필요한 결단이었다는 것이 지지의 주요 근거였다. 주의 깊게 들여다볼 부분은 비난하는 이들도 검찰 정상화 자체를 반대하지는 않았다는 점이다. 비난과 지지의 내용을 간단히 정리하면 이렇게 될 것이다.

비난: 검찰 정상화, 편법을 써서라도 추진할 가치가 있다?
지지: 검찰 정상화, 편법을 써서라도 추진할 가치가 있다!

맨 끝에 물음표를 다느냐, 느낌표를 찍느냐의 차이다. 물음표와 느낌표의 선택지에서 검찰 정상화가 '편법'을 써서라도 추진할 가치가 있다고 보아, 나는 탈당을 감행했다.

탈당을 공격하는 중심 논리는 '절차적 정당성'을 훼손했다는 것이었다. 하지만 탈당은 절차적 정당성을 훼손하지 않았다. 오히려 법이 요구하는 절차적 정당성을 확보하기 위한 조치였다. 절차적 정당성 확보를 위해 '편법'을 썼다는 것이 정확한 표현일 것이다.

각설하고, 비난이든 지지든 그 뿌리는 검찰 정상화에 닿아 있다. 탈당이라는 나의 행동은 이미 벌어졌고, 비난과 지지 여론 또한 이미 형성돼 유통되고 있다. 나는 이미 선택했으므로, 나는 '편법'을 동원해서라도 검찰 정상화를 추진할 가치가 있다는 사실을 증명하려고 한다. 검찰 정상화로 이 책을 시작할 수밖에 없는 배경이다.

이미 수많은 논문이 나와 있고, 정치적 의견 및 찬반양론 또한 무성하다. 검찰 정상화를 위한 노력과 그것을 막으려는 반작용의 역사 또한 유구하다. 정보, 논리, 연구는 부족하지 않다는 이야기다. 이럴 때일수록 검찰 정상화의 '기본 논리'와 그것의 '현실적 효능'을 이야기하는 것이 적절하다고 본다. 그 관점에서 검찰 정상화를 살펴보고자 한다.

3

일제 식민지배 편의·효율 위해
수사 기관화한 검찰

　현재 한국 검찰의 가장 큰 특징은 검찰의 수사 기관화 및 검
찰 중심의 수사 체제이다. 이러한 특징의 기원은 일제 식민지로
거슬러 올라간다.

　일제는 식민 지배의 편의와 효율을 위해 검찰과 경찰에 무제
한적인 편의와 재량을 부여했다. 판사를 중심으로 한 공판 절차
는 검·경 수사 기관의 의지와 행위를 뒷받침하는 부속 절차라 해
도 과언이 아닐 정도였다. 한마디로 "식민지 형사 사법 제도는 법
제도상으로는 검사를 위한 천국"이나 다름없었다.[2]

　이 같은 내용은 식민지 시대 형사소송법이라 할 수 있는
「조선형사령」에 구체적으로 담겨 있다. 예컨대 「조선형사령」
(1922년 제령 제14호에 의해 개정된 것)에 의하면 "급속의 처분이
요한다고 사료하는 때 (…) 만일 피의자를 구속할 필요가 있으
면 사법경찰관은 10일 동안 피의자를 유치하고 검사는 10일
동안 피의자를 구류"할 수 있었다. 급속 처분의 필요성 여부는
완전히 수사 기관의 재량에 맡겨져 있었다.

　검·경이 함께 가지고 있던 식민지 시대의 수사권은 해방 이
후 경찰을 검찰에 종속시키는 방식으로 변형됐다. 식민지 시

절에도 원칙적으로 검찰이 경찰의 '상위 조직'이었지만, 특별히 현실적 의미를 갖는 건 아니었다. 경찰은 전국에 촉수를 둔 중앙 집권화한 조직이었고, 숫자나 직접 활동 등에서 검찰을 압도했다. 경찰이 검찰에 종속된 것은 아니었지만 여하튼 위계상 검찰은 경찰의 상급 기관이었다.

해방 이후 경찰은 방대한 조직의 힘으로 심각한 인권 유린을 자행했고, 정치권력(미군정, 이승만 정권)에 기대어 법원과 검찰의 통제로부터 벗어나려고 했다. 그래서 경찰을 확고하게 검찰의 통제 아래 둘 필요가 있었다. 당시에는 경찰에 대한 검찰의 수사 지휘가 실효적으로 이루어질 수 있도록 개선하는 것이 '수사 민주화'를 위한 개혁 과제의 하나였다.

이러한 당대의 분위기를 등에 업고 제헌의회는 "수사에 중심을 둔 검찰권 운용과 수사 지휘 체계의 확립에 필요한 여러 규정들을 포함"한 「제정검찰청법」을 만들었다. 경찰에 대한 검찰의 통제권이 매우 강한 한국 검찰 제도의 중요한 특징이 여기서 유래한다.

수사권과 기소권을 모두 가진 검찰 조직에 대한 문제의식이 없었던 것은 아니다. 1954년 1월 엄상섭 국회의원은 형사소송법 제정 공청회에서 "범죄 수사의 주도권은 검찰이 가지는 게 좋겠지만, 장래에 있어서는 수사권과 기소권을 분리시키는 방향으로 가는 게 좋겠다"라고 발언했다.

요약하면, 식민지 시절, 그리고 해방 후 정부 수립 과정에서 형성된 경찰의 권한 집중 및 심각한 인권 유린을 견제하기 위해 검찰에 '임시'로 수사권을 부여한 것이었다. 한시적인 조치였으나, 검찰의 수사권 및 수사지휘권은 그로부터 80년이 다 되어 가는 지금까지 변함없이 유지되고 있다.

4
재판만 빼고 모든 권력 다 가진 한국의 검사

세계의 문명국가 중 우리나라처럼 검사의 권한이 강한 나라는 없다. 우리나라 검사는 수사권, 수사지휘권, 공소제기권, 공소유지권, 형집행권을 모두 보유하고 있다. 이는 형사 사법 절차에서 재판권 외의 모든 권력을 다 가지고 있는 것이다.

이 같은 권한 집중이 왜 문제인지는 법적 논리, 현실에서 드러난 현상 등을 놓고 차차 확인해 보자. 일단 여기서는 외국의 사례를 통해 권한 집중을 비교해 보는 것으로 갈음하고자 한다. 결론부터 말하자면 우리나라와 같은 막강한 권력을 가진 외국 검찰은 없다.

미국의 검찰은 그야말로 공소제기권자이고, 공소유지권

자이다. 공소 제기는 사건을 법원으로 가져가 다투는 역할을 한다는 뜻이다. 미국 검찰은 공소 제기나 공소 취소에 대한 광범위한 재량을 가지고 있다. 동시에 이에 대한 통제책이 많이 논의되었고, 그중의 하나가 대배심이다. 대부분의 주 검찰 또는 카운티 검찰은 직접 수사를 하지 않고 경찰에 대한 수사지휘권도 없다. 다만 경찰이 검사의 법적 조언을 참고하여 수사할 뿐이다.[3]

독일의 검사는 행정부가 아닌 사법부에 속해 있다. 독일의 검사는 수사관을 두지 않고 있으며, 대부분의 수사는 경찰이 하고 있다. 경찰의 수사를 검사가 지휘할 수 있는가에 대해서는 논란이 있다. 그러나 분명한 것은 독일 검사는 자신의 수족으로서 수사관을 두지 않고 홀로 있는 검사이고, 지방 분권이 되어 있다는 점에서 우리나라의 검사보다 권력 면에서 약하다.

일본의 검사는 공소제기권, 공소유지권, 형집행권을 담당하고 있지만, 경찰에 대한 수사지휘권은 없다. 따라서 일본 경찰은 독자적 판단하에 수사를 하며 영장청구권도 일부 갖고 있다.

영국의 경우 검찰 제도 자체가 아예 없다가 약 35년여 전에 검찰 제도를 두었다. 영국에서는 수사는 경찰이 하고 공소 제기는 사인과 검사가 담당한다. 공소 유지도 검찰에 소속된 검사가 아니라 법무변호사barrister가 대행하게 하고 있다.

이상 외국의 검찰 제도를 살펴볼 때 두 가지 의미 있는 결론을 이끌어 낼 수 있다.

첫째는 경찰이 수사를 담당하고, 검사는 공소를 책임진다는 점이다. 구체적인 부분에서 차이는 있지만 기본적인 구조가 '수사와 기소의 분리'인 것이다. 여기서 자연스럽게 도출되는 것이

외국과 우리나라 검사의 권한 비교

분류		우리나라	일본	독일	프랑스	미국	영국
검사의 기소 권한	수사종결권	○	△	○	△	×	×
	기소독점주의	○	○	○	×	×	×
	기소편의주의	○	○	×	○	○	○
	공소취소권	○	○	×	×	○	○
검사의 수사상 지위	수사권	○	○	○	△	○	×
	수사지휘권	○	△	○	△	×	×
	자체수사력	○	○	×	×	○	×
	검경조서 증거능력차이	○	×	×	×	×	×
검사의 구체적 수사 지휘권	검찰영장청구권 헌법규정	○	×	×	×	×	—
	인권옹호직무방해죄 유무	○	×	×	×	×	×
	체포구속장소 감찰권	○	×	×	○	×	×
	사법경찰징계·체임요구권	○	○	×	△	×	×
	변사체 검시권	○	○	○	○	×	×
	긴급체포 사후승인제도	○	×	×	×	×	×
	체포구속피의자 석방지휘권	○	×	×	×	×	×
	압수물 처분 시 지휘	○	×	×	—	×	×
	관할 외 수사 시 보고	○	×	×	×	×	×
	특정사건송치 전 지휘	○	×	×	×	×	×
	수사개시보고	○	×	○	△	×	×

자료: 2012년 경찰청 연구용역보고서, 〈국민이 체감할 수 있는 수사권 조정의 효과에 관한 연구〉

'수사 지휘를 하지 않는 검찰'이다.

둘째는 각국의 역사 및 정치 체제 등에 따라 검찰과 경찰의 역할이 다르다는 사실이다. 그럼에도 공통점은 검·경 양자 사이 권한의 배분 또는 분리를 위한 고민의 흔적이 각국의 제도 속에 담겨 있다는 점이다. 그 권한이 우리나라처럼 검찰에 쏠려 있는 나라는 없다.

부인할 수 없는 사실은, 우리나라의 검찰 권한이 어느 나라보다 방대하고, 비대하며, 집중적이라는 점이다. 까닭에 어떠한 방식이로든 검찰 권한의 축소가 필요하다. 또한 다른 기관에 의한 검찰 권한의 실질적 견제를 통해 검찰 권한이 합리적이고 민주적으로 행사되도록 해야 한다.

5
대장동과 LCT,
판이하게 다른 검찰 수사

이처럼 막강한 권한을 가지고 있는 한국의 검찰은 그 권한을 어떻게 사용했을까. 검찰은 스스로 '공익의 대표자'임을 자임하고 있는데, 과연 공익에 부합하는 방향으로 권한을 사용하고 있을까. 지난 시절, 몇 가지 주요 사건과 통계들을 가지고 검찰의 권한 사용을 살펴보자.

우선 간단한 통계 하나를 보자. 2015~2021년 8월까지 검사가 피의자로 입건된 경우는 20,929건이었다. 이 중 19건이 기소되었다. 기소율이 0.1%이다. 같은 기간 전체 형사 사건 기소율은 32.9%였다.[4]

이 통계를 쉽게 풀이하면 이렇다. 검사가 범죄 혐의로 조사를 받아 재판에 부쳐진 비율은 100명 중 '0명'에 가까운 반면, 일반 국민이 재판까지 간 비율은 100명 중 '30명' 꼴이라는 뜻이다. 현실의 양태로 설명하면, 검사가 범죄 혐의로 조사를 받은 경우 대부분이 재판으로 가지 않고 '조사 단계'에서, 그러니까 검사가 사건을 좌지우지할 수 있는 단계에서 '혐의 없음'으로 종결됐다는 뜻이다.

두 가지 해석이 가능하다. 하나는, 범죄 혐의를 받은 검사들이 사실은 깨끗한데 억울하게 범죄 누명을 썼다가 조사 단계에서 혐의를 벗은 것이다. 또 하나는, 보통 사람 같으면 재판에 부쳐져 '죄인'으로 확정될 사안인데도 검사라는 이유로 재판에 부쳐지지도 않고 '무죄' 또는 '혐의 없음'으로 처리되었다는 것이다. 무엇이 진실일까. 실제 벌어진 여러 사건들을 참고하면 후자가 진실에 가깝다는 점을 확인하게 된다. 사례 확인은 멀리 갈 것도 없다. 지난 대선을 뜨겁게 달궜던 '대장동'과 'LCT'를 비교만 해 봐도 확인된다.

2023년 2월 16일, 검찰은 이재명 더불어민주당 대표에 대한 구속영장을 청구했다. 야당 대표 구속영장 청구는 헌정 사상 처음이다. 검찰은 위례 신도시·대장동 개발 특혜 및 성남FC 후원금 의혹 등과 관련한 배임, 「부패방지법」 위반, 「뇌물 및 범죄수익은닉규제법」 위반을 혐의로 적시했다. 이 영장 청구가 얼마나 어처구니없는 것인지 '대장동' 하나만 살펴보자.

검찰은 대장동 개발 특혜 관련 배임액이 4,895억 원이라고 적시했다. 애초 6,725억 원을 환수할 수 있었는데 당시 이재명 성남시장이 1,830억 원밖에 환수하지 못했다는 것이다. 그러니까 '(6,725 - 1,830) = 4,895'라는 계산법을 적용해 성남도시개발공사 측에 4,895억 원의 손해를 끼쳤다는 것이다.

2018년 경기도지사 선거 당시 이재명 후보는 대장동 사업에서 5,503억 원을 공익 환수했다고 홍보했다. 이 홍보가 허위 사실이라는 고발이 있었고, 법정에서 다퉜다. 1심과 2심을 거쳐 대법원까지 갔다. 대법원은 5,503억 원이 허위 사실이 아니라고 확정판결했다. 검찰은 이미 대법 확정판결이 난 공익 환수액 5,503억 원을 자기들 마음대로 1,830억 원으로 줄여 버린 것이다. 계산을 다시 하면 '(6,725 - 5,503) = 1,222'가 된다. 손해액은 1,222억 원으로 떨어진다. 이 손해액 자체도 억지이지만, 손해액을 4,895억 원으로 부풀리기 위해 검찰은 대법원 확정판결까지 무시한 것이다.

문제는 더 있다. 당초에 검찰은 성남도시개발공사가 확보할 수 있었던 적정 이익을 전체 개발 이익의 70%인 6,725억 원으로 추산했다. 과연 이 추산액이 적절한지 의문이다. 대장동 사업 이전에도, 이후에도 개발 이익의 70%를 공익 환수한 사례는 없다. 오히려 막대한 특혜와 세금을 투입하고도 공익 환수가 한 푼도 없는 사례는 있다. 해운대 해수욕장을 앞마당으로 사용할 수 있는 초고층 주상복합 아파트 LCT가 그렇다.

국회 행정안전위원회 소속 박완주 의원은 부산시가 LCT 개발 사업에 약 1,000억 원의 세금을 들여 기반 사업을 조성하는 등 전폭적인 지원을 했지만, 정작 부산시민에게 돌아간 공익적 이익은 전혀 없었다며 강하게 비판했다. 박 의원은 이 같은 내용을 담은 보도 자료를 2021년 10월 15일 배포했다. 2021년 국회 행정안전위원회 국정감사를 통해 밝혀진 내용을 중심으로 작성된 보도 자료이다. 사실의 과장이나 축소는 없다. 이하 박 의원 보도 자료의 핵심 부분을 인용한다.

지난 2009년, 부산시가 관광객 유치를 위해 '해운대광장리조트'라는 이름으로 처음 시작된 해당 개발 사업은 민간 사업자 공모가 완료된 직후 사업성이 떨어진다는 민간 시행사 의견에 아파트 등 주거 시설이 들어설 수 있도록 사업 성격이 변경돼, 현재 해운대 해수욕장을 앞마당으로 사용할 수 있는 초고층 주상복합 아파트

LCT가 들어서게 됐다.

　LCT 사업은 추진 초기부터 부산시의 특혜 의혹이 제기됐다. 실제로 부산시는 해당 부지의 용도 변경 및 고도 제한 완화를 승인해 준 것은 물론, 100층이 넘는 초고층 빌딩임에도 불구하고 환경영향평가를 단 한 번도 실시하지 않은 것으로 드러났다. 특히, 사업 단지 내에 소공원과 도로를 부산시가 시비 약 1,000억 원을 투입해 무상으로 조성해 주었다는 사실 또한 확인됐다.

　부산시의 전폭적인 지원으로 엘시티는 무사히 준공됐다. 주택도시보증공사에 따르면 주택, 레지던스, 상가 시설 각 분양 수익이 총 4조 5천억 원이 넘을 것으로 추정된다. 그러나 부산시에 환수된 이익은 단 한 푼도 없었다. 이는 최근 쟁점이 되는 대장동 개발 사업으로 당시 이재명 성남시장이 5,500여억 원의 개발 이익을 성남시로 환수한 것과 대조되는 지점이다.

　이에 박완주 의원은 "부산시가 시비 약 1,000억 원과 온갖 제도적 특혜를 몰아줬음에도 불구하고, 대장동 개발 사업과 달리, 어떠한 공익적 이익도 부산시민께 돌려드리지 못한 점을 인정하고 사과드려야 할 일"이라며 강한 유감을 표했다.

　또한, 박 의원은 "엘시티 관련 비리 수사가 진행된 지 약 5년이 지났음에도 여전히 수많은 의혹이 해소되지 못하고 있다"라며 "올 3월 부산시민단체가 2016년 엘시티 부실 수사 의혹을 두고 전·현직 검사들을 공수처에 고발해 정식 입건한 만큼, 엘시티 비리·특혜 의혹에 대해서도 다시 한 번 낱낱이 살펴볼 필요가 있다"고 주장했다.

해운대 해변가의 LCT 부지는 2007~2008년 부산시(부산도시개발공사)가 관광리조트 사업을 하겠다며 일반 시민의 땅을 수용해서 만들었다. 애초 주택을 건설할 수 없는 용지였다. 그런데 부산시는 민간 사업자인 LCT에 전체 개발 용지를 공급했고, 초고층 호화 주상복합 아파트와 주로 개인 주택으로 활용하는 레지던스호텔이 들어설 수 있도록 온갖 특혜를 주었다. 개발 이익을 높이기 위해 주상복합 용지로 용도 변경이 되고 인허가가 나는 과정에서 수많은 불법이 자행되었다. 용도 변경으로 땅값이 수천억 원 상승했는데도 개발 이익 환수는 '전혀' 없었다. 오히려 정관계 인사들의 특혜 분양 의혹이 불거졌는데 일부는 사실로 확인됐다. 검찰 수사가 있었고, 일부 인사들이 실형을 받았으나 '유력 인사'들 대부분이 '혐의 없음'이나 '무죄' 판결을 받았다.

'대장동'과 'LCT'의 공통점 중 하나는, 이 건과 관련된 '검사 출신'들의 경우 예외 없이 사법적 단죄를 받지 않았다는 점이다. 대장동의 경우 이른바 '50억 클럽'의 곽상도·박영수가 2023년 9월 현재 수사 및 재판 중이지만 '곽상도 1심 무죄'에서 보듯 석연치 않은 대목이 많고, 이재명 대표와는 수사 강도가 비교할 수 없을 만큼 낮은 수준이었다. LCT의 경우 강경협[5]과 석동현이 '검사 출신'으로 관련되어 있었다. 당연히(?) 이 두 전직 검사에게는 어떠한 사법적 문제도 발생하지 않았다. LCT 비리 의혹을 상세히 전한 2021년 3월 12일 〈MBC 뉴스데스크〉 보도 내용을 공유한다.[6]

LCT 의혹의 또 다른 축은 검찰의 부실 수사 의혹입니다. 당시 윤대진 부산지검 2차장 검사가 지휘했던 1차 수사, 그리고 이영복 회장이 역시 검사 출신의 석동현 변호사한테 거액을 줬다는 진술까지 나왔지만 무혐의 처분한 2차 수사, 과연 검찰 수사에 어떤 문제가 있었다는 건지 강나림 기자가 취재했습니다.

기자 리포트 엘시티 특혜 비리 의혹이 불거진 지난 2016년 국정감사. "검찰이 일을 안 하고 있다", "엘시티 이영복 회장이 판검사 접대장부를 갖고 있어 수사가 진행되지 않는 것 아니냐"는 검찰에 대한 질타가 쏟아졌습니다.

검찰은 법과 원칙에 따라 수사하겠다고 밝혔습니다. 당시 수사를 지휘했던 사람은 윤대진 부산지검 2차장 검사.

윤대진/당시 부산지검 2차장 검사 (2016년 11월 12일) "각종 의혹들에 대해서는 빠짐없이 들여다보고 살펴는 보겠습니다."

비자금 500억대, 각종 인허가 특혜를 둘러싼 정관계 로비, 정치권이 들썩였습니다. 7개월 만에 종결된 수사. 검찰은 12명을 구속 기소하긴 했지만 이영복 회장을 제외하고 정관계 핵심 인사는 현기환 청와대 전 정무수석과 배덕광 자유한국당 의원뿐이었습니다.

윤대진/당시 부산지검 2차장 검사 (2017년 3월 7일) "50억여 원의 괴자금에 대해서 현기환이 사실상 묵비권을 행사하고 있는 관계로 출처를 확인할 수가 없었습니다."

불법 특혜 분양 의혹을 받은 43명에 대해선 대가성 여부를 확인하지 못했다며 기소도 하지 않았습니다. 2017년 부산참여연대가 43명을 또다시 고발했지만 이번엔 이 회장 아들 등 2명 외에 41명을 무혐의 처리했습니다.

같은 해 엘시티를 투자이민제 지역으로 지정되도록 도와달라며 이 회장이 법무부 출입외국인 정책본부장을 지냈던 석동현 변호사에게 3억 원을 줬다는 의혹도 터져 나왔습니다. 당시 검찰은 석 변호사를 한 차례 서면 조사만 한 뒤 무혐의 처리했습니다. 고문변호비였다는 해명이 받아들여진 겁니다. 하지만 석 변호사와 엘시티의 관계는 끝나지 않았습니다. 최근엔 엘시티 특혜 분양 리스트에 올라 논란이 되고 있습니다.

석동현 변호사/YTN 황보선의 출발 새아침(어제) "저는 레지던스 한 동을 청약했던 사실이 있을 뿐이고요. 특혜 분양이라는 것은 아파트에 해당되는 이야기입니다."

특혜 분양 수사가 제대로 됐는지도 계속 논란입니다. 엘시티 특혜 분양 리스트에 등장하는 한 변호사는 당시 수사에 대해 전화 통화만으로 끝났다고 했습니다.

이 모씨/고등법원장 출신 변호사(엘시티 거주) "혐의점이 전혀 없으니까 안 부르더라고요. 주택법 위반, 사전 분양 받았다 그 부분은 조사를 구두로 조사를 했습니다. 전화로 수사관이 해서 꼬치꼬치 묻더라고요."

하지만 2016년 당시 윤대진 차장검사와 함께 엘시티 특혜 분양 수사를 담당했던 검사는 MBC와의 전화 통화에서 "특혜 분양에 대해선 2016년 수사 때 다 했다"며 부실 수사 의혹을 부인했습니다.

무려 19일간의 단식으로 병원으로 이송된 제1야당 대표에게 검찰은 구속영장을 청구했다. 비교하여 부산 LCT 사건의 경우 검찰의 행태는 판이하게 다르다. 7개월 만에 종결된 수사,

한차례 서면 조사만 한 뒤 무혐의 처리, 당시 수사에 대해 전화 통화만으로 끝……. 또한 "불법 특혜 분양 의혹을 받은 43명에 대해선 대가성 여부를 확인하지 못했다며 기소도 하지 않았"다. 검찰이 수사권과 기소권을 모두 가지고 있어서 가능한 일이다. 결코 정상이라고 말하기 어렵다.

부산 LCT 사업의 공익 환수액은 '0'원이다. 각종 특혜와 투입한 세금까지 감안하면 공익 환수액은 오히려 마이너스 수천억 원으로 추산할 수 있다. 그럼에도 종료된 사건이다. 만 보를 양보해 이재명 대표에 대한 검찰의 계산법을 받아들인다 해도 공익 환수액이 플러스다. 역대 어느 지자체도 이루지 못한 성과이다. 그런데도 검찰은 국회의 표결까지 거쳐야 하는 '구속영장 청구'를 밀어붙인 것이다.

검찰이 '정치'를 한다는 이유 외에 다른 추측은 어렵다. 여기서 검찰의 실체는 '한동훈, 그리고 국민의힘'이다. 한동훈은 다음 대권 주자가 되고 싶은 법무부 장관이고, 국민의힘은 다음 대권을 잡고 싶은 정당이다. 둘의 공통 욕망은 '대권'이다. 이 욕망의 최대 걸림돌이 이재명이니 합공을 펼치는 것이다. 이재명만 '죽이면' 한동훈이든 누구든 다음 대권은 국민의힘 진영이 다시 차지할 수 있다는 계산기를 두드리며 공격을 하는 것이다. 정치적으로 죽인다는 목표를 정해 놓고, 구속을 시킬 게 뭐가 있는지 뒤지는 형국이다. 조국 전 장관에게 썼던 전형적인 수법이다. 그런데 아무리 뒤져도 안 나오니까, 대법원 확정 판결까지 무시하면서 말도 안 되는 계산법을 제출하고 있다.

대법원 확정판결을 검찰이 몰랐을까? 모를 수가 없다. 그럼에도 무리수를 두는 이유는 두 가지다. 하나는 본인들의 대권 욕망을 관철시키기 위해서다. 달리 말하면 이재명이 대권의 가장 큰 걸림돌이라는 걸 알고 있는 것이다. 또 하나는 이렇게 '공작질'을 해도 어느 정도 먹히기 때문이다. 이 대목에서는 반론을 제기하지 않고 그저 '받아쓰는' 언론의 동조가 큰 역할을 한다. "언론 탓 하지 말라"는 일각의 비판을 받아들이기 어려운 이유다.

미국의 시민단체 '민주주의를 지켜라Protect democracy'는 "민주 국가에서 정치 지도자에 대한 수사·기소: 법치인지 권한 남용인지 판별하는 방법"이라는 보고서를 내놓았다. 몇 가지 핵심 질문을 던져 보면 법치인지 권한 남용인지 판별할 수 있다는 것이다. 세 가지 질문만 소개한다.

첫째, 공개된 증거로 혐의가 뒷받침되나? 검찰은 '증거가 차고 넘친다'면서도 대장동·백현동·대북 송금 등 이재명 대표 관련 어느 혐의에도 법원이 인정할 만한 증거를 제시하지 못했다.

둘째, 같거나 비슷한 행위로 수사·기소된 전례가 있나? 재개발 등의 사업 관련 뇌물죄로 형사처벌을 받은 사례는 있다. 이 대표 사건에서 검찰은 뇌물죄 혐의를 기소 내용에 포함시키지도 못했다. 그래서 '배임죄'를 적용했는데 배임죄로 지자체장이 처벌받은 사례는 찾기 힘들다. 물론 검찰은 명확한 증거 자료도 제시하지 못했다.

셋째, 법원·배심원 등 검찰 밖의 기관이 수사·기소 내용은 인정했나? 이 대표 구속영장 청구는 법원에서 기각됐다. 내용을 인정하지 않은 것이다.

몇 가지 질문만으로도 이재명 대표에 대한 검찰의 수사가 '정치적'이라는 건 명확해 보인다. 기자(언론)는 질문을 하는 직업이다. 어쩌면 위 질문들은 상식적인 것이기도 하다. 한국의 언론은 질문을 하지 않는다. 그냥 받아쓴다. 그것도 검찰의 말만 일방적으로.[7]

6
대한검국으로 추락한
대한민국

검찰공화국, 검찰제국, 대한검국(조국 전 장관이 『디케의 눈물』에서 쓴 말이다)……. 윤석열 정부 출범 이후 한국 정부의 '상태'를 규정하는 별칭들이다. 별칭들에 공통으로 담긴 것은 '검찰'이다. 이 중 나는 '대한검국'이 현 정부의 상태를 가장 잘 반영한 별칭이라고 생각한다.

'검찰공화국'은 검찰이 권력을 쥔 공화국이라는 뜻일 터인데 그들은 함께 공존을 모색하는 '공화共和'의 정신이 없다. 단순히 없는 정도가 아니라 '공화'를 아예 묵살하고 있다. 자기 당의 이준석까지 대표직에서 몰아내는 판국이니 비판자나 반대자는 아예 죽이려고 달려든다. 야당 대표를 표적 수사하는 것도 모자라 국회 표결을 강제하는 무도한 짓을 서슴지 않았다. 일본 핵 오염수를 반대하는 평범한 시민을 '공산 전체주의 세력'이라면서 '빨갱이' 취급을 했고, 지금도 하고 있다. 다른 생각을 갖고 있더라도 '공화'의 정신에 따라 함께 길을 모색해 보자는 의지는 전혀 발견되지 않는다.

'검찰제국'은 검찰을 중심으로 강한 나라를 지향한다는 의미를 담고 있다. 일본이 천황과 군국주의자들을 중심으로 '대일본 제국'을 추구했던 제국주의 시대를 떠올리면 이해가 쉬울 것이다. 하지만 우리나라 검찰 출신 대통령은 '나라 안'에서만 폼 잡고 으르렁댈 뿐 '나라 밖'으로만 나가면 무엇 하나 할 줄 아는 게 없다. 조용히 갔다 오면 그나마 다행이다. 거의 참사에 가까운 외교적 실수는 기본, 나라를 거덜 낼 짐만 잔뜩 짊어지고 온다. 일본에 가서 오염수를 가져오고, 미국에 다녀와서는 국익에 하등의 도움도 되지 않는 러시아-우크라이나 전쟁에 노골적으로 개입하고 있다. 제국으로 도약하려는 '국가주의적'

전략 같은 건 손톱만큼도 찾아보기 어렵다.

대한검국은 '민民'이 '검檢'으로, 딱 한 글자만 바뀌었다. 주권자 시민의 나라가 검사의 나라로 바뀌었다는 간략한 규정을 담고 있다. 간략하지만 정확하다. 검사의 나라가 보여 줄 파란만장이 출범 초기부터 시작되었는데 도무지 어디까지 나라를 망가뜨릴지 알 수가 없다. 그래서 검사의 나라라는 규정 외 나머지는 채워 넣을 수가 없다. 악행이 한두 가지가 아니니, 검사 정권이 끝나는 날 두툼한 백서를 발간하는 수밖에 없을 것 같다. 다만, '민'이 '검'으로 바뀌었다는 건 매우 중요한 의미를 담고 있다. 민국은 주권자의 나라라는 뜻인데 민을 쫓아내고 검이 그 자리를 차지했으니, 검찰이 민주주의를 파괴했다는 내용을 담고 있는 작명이 '대한검국'이다.

공화주의와 민주주의는 다르다. 학계에서는 많이 다른 정치 이념으로 구분한다. 여기서는 따로 논하지 않으려 한다. 다르지만 둘은, 근대의 정치 이념이라는 데서 같다. 두 이념은 개인이든 집단이든 어느 한 세력이 공동체를 쥐락펴락하는 권력의 집중을 경계한다. 주권의 등가성, 합의와 타협, 평화 같은 가치를 공유하고 있다. 그런 점에서 윤석열 정부는 공화주의나 민주주의와는 상관이 없다. 우리 역사의 어두운 시절과 꼭 닮은 정권이다. 어두웠던 시절을 모델 삼아 정부를 운영하는 것 같다.

우리 역사에서 공화·민주정은 '노태우-김영삼-김대중-노무현' 시기라고 본다. 노태우 정부를 포함시킨 것에 대해 의아해 할 수 있다. 그때는 6월 항쟁의 자기장이 강하게 작동하던 시기여서 군사 독재의 후예라도 큰 흐름을 거스를 수 없었다. 보수 우파 정권인데도 '북방 정책'이나 '토지 공개념' 같은 진취적인 시도가 가능했던 배경이다. 이명박-박근혜 또한 공화·민주정의 외양은 취하고 있었다. 사익 추구가 극에 달한 정권이었지만, 특정 집단으로 억압 권력이 쏠리지는 않았다. 물론, 그들이 그런 '선의'를 가졌다고 보기는 어렵다. 어쨌거나 이명박·박근혜는 정당 정치의 과정을 통과해 대통령이 되었다. 선출된 정치권력을 선출되지 않은 제도 권력보다 우위에 놓는 유전자 정도는 지켰다. 윤석열 정부는 정당 정치를 생략한 정권이다. 박정희의 쿠데타나 전두환의 12·12 반란과 유사한 경로를 밟았다고 보는 편이 더 이해가 쉽다.

대한민국 정부 수립 이래 검찰은 언제나 '하위 권력'이었다. 경찰, 군대, 중앙정보부·안기부, 보안사, 국가정보원 같은 억압적 국가 기구의 '하위 파트너'이자 '법적 수습'을 책임지는 정도의 역할이었다. 이승만 때는 경찰보다 아래에 있었고, 박정희 때는 군인들이나 중앙정보부의 명령에 따라 수사하고 기소했다. 전두환 때는 보안사나 안기부의 말을 들었다. 1987년 6월 항쟁을 다룬 영화 〈1987〉을 보면 검찰 혹은 검사의 권력 서열이 확인된다. 배우 하정우가 검사 역으로 나오는데 경찰이

나 정보 기관에 말발이 먹히지 않는다. 그래서 박종철 열사의 죽음 관련 파일을 몰래 기자에게 넘기는 식으로 6월 항쟁에 겨우 '기여'했다.

항쟁 이후 '정치의 시대'가 열린다. 이 말은 총칼, 고문, 폭력의 시대가 저물어 간다는 뜻이기도 하다. 다시 이 말은 '법의 시대'가 도래했다는 의미도 담고 있다. 이때부터 검찰의 역할이 중요해지고, 덩달아 검찰의 힘 또한 커진다. 정치의 시대에 억압적 국가 기구가 상당 부분 '중립화'되었다. 가장 대표적으로 보안사를 포함해 군대와 경찰이 더 이상 주권자를 위협하지 못하게 되었다. 국정원은 힘이 줄어들기 시작했고, 검찰의 힘은 더욱 커졌다.

2016~2017년 겨울, 촛불혁명이 박근혜 대통령을 권좌에서 끌어내렸다. 주권자 시민을 광장으로 모이게 한 여러 국정 농단 사건 중 하나가 국정원의 선거 개입이었다. 이명박 정부 말기, 제18대 대통령 선거 운동 기간에 벌어진 국정원의 댓글 공작을 의미한다. 박근혜 정부 초기에 검찰은 특별수사팀을 만들어 수사를 시작했다. 이때 윤석열 검사가 대중 앞에 특별수사팀장으로 모습을 드러낸다. 이때의 수사로 윤석열은 인사상 불이익을 받았다. 윤석열은 2013년 10월 21일 국정감사에서 검찰 윗선의 수사 축소 압력을 폭로하면서 "저는 사람에게 충성하지 않습니다"라는 유명한 말을 남겼다.

2016년 박근혜 정권의 국정 농단을 수사하는 박영수 특검이 출범했다. 박영수 특검은 한직으로 떠돌던 윤석열 검사를 수사팀장으로 발탁했다. 박영수 특검이 특검사무실로 출근할 때 꽃바구니가 산더미처럼 배달되는 등 시민들의 엄청난 성원이 쏟아졌다. 결과도 좋았다. 이때 윤석열은 "검사가 수사권 가지고 보복하면 그게 깡패지, 검사입니까?"라는 말을 남겨 다시 한 번 대중에게 각인된다.

윤석열 검사는 이러한 두 번의 특별 수사 과정 속에서 국민적 스타가 되었다. (…) 당시 시대 상황에서 국민들은 "사람에 충성하지도 않고, 수사권으로 보복하지도 않는 검사"를 원했고, 윤 검사는 국민들이 듣고 싶어 한 말을 들려줬다.[8]

결과적으로 잘된 특검이었지만, 검찰 내부에서는 다른 동기가 있었다. 당시 검찰 전체의 이익은 "이번 기회에 국정원을 꺾자"였다. 마침내 국정원을 꺾었고, 이때를 변곡점으로 검찰은 억압적 국가 기구의 최정상에 서게 된다. 이 시기는 박근혜 대통령과 불법을 저지르던 국정원을 대상으로 해서 모든 사람이 다 연합을 한 때였다. 모두가 연합해서 다 같은 편이라 생각했고, 국정 농단을 끝장내고 새로운 민주공화국을 만들어야 한다는 의지로 촛불혁명을 일으켰다. 박근혜 대통령이 탄핵당하고, 문재인 대통령이 당선되면서 대한민국 권력이 새롭게 재편되는 수순을 밟게 됐다. 마침내 검찰은 권력 기관 중 제일 위에 서게 되었다.

문재인 정부는 검찰 개혁 프로그램을 준비했다. 촛불혁명 시기에 제시된 국가 권력 기관 개혁의 일환이었고, 문재인 대통령의 공약이기도 했다. 검찰의 입장에서 보면, 마침내 최고의 제도 권력 지위를 획득했는데 자신들의 기득권에 손을 대는 정부가 기다리고 있는 셈이었다. 검찰 정상화는 청와대, 법무부, 검찰이 함께 움직이고 국회가 입법으로 완성해야 했다. 문재인 정부로서는 검찰 정상화 과제를 수행할 '검찰총장'이 필요했다. 문재인 대통령은 취임 직후 윤석열 검사를 서울중앙지검장으로 파격 발탁했고, 이후 검찰총장으로 임용했다.

검찰 측은 일관되게 검경 수사권 조정을 반대했다. 반면에 윤석열 검사는 서울중앙지검장이었을 때부터 공수처 신설과 검경 수사권 조정 합의안에 동의한다는 입장이었다. 검찰총장 인사청문회에서는 수사와 기소의 분리에 관한 의견을 묻는 질문에 "장기적으로 옳은 방향"이라고 답변했다. 문재인 정부는 윤석열을 믿었고, 결과적으로 뒤통수를 맞았다. 조국 전 법무부 장관은 다음과 같이 기록했다.

그러나 윤석열 검사장이 검찰총장으로 임명된 후 검찰 개혁에 대한 이러한 입장이 180도 바뀌었음은 확인된 사실이다. 2022년 2월 12일 노영민 전 대통령 비서실장은 오마이TV와의 인터뷰에서 "검찰총장 면접 당시엔 윤 후보가 4명의 후보 중에서 공수처의 필요성 등 검찰 개혁에 가장 강력하게 찬성했는데 총장이 된 후부터 태도가 바뀌었다"면서, "그때 거짓말을 했다", "정직한 사람이 아니다"라고 비판한 바 있다. (…) 윤석열 검찰총장이 문재인 정부에 대한 공세를 펼치기 시작한 이후 누가 윤석열을 검찰총장으로 밀었느냐 등에 대한 비판적 문제 제기가 계속되었다. 윤 총장에 대해 당시 집권 세력 전체가 기만당했고 그 결과 오판을 했다. 그러나 누구를 탓하기 전에 당시 고위 공직자 검증을 최종적으로 책임지는 민정수석 비서관으로서 윤 검사에 대한 진보·개혁 진영의 우호적 평가에 경도되어, 윤석열 검사에 대한 검증을 철저히 하지 못했던 것 아닌가 자성한다. 민정수석실 내부에서도 윤 검사에 대한 평가가 갈리었는데, '검찰 지상주의자'라는 비판을 더 심각하게 생각했어야 했던 것이 아닌지 자책한다. 요컨대, 다름 아닌 내가 최고 인사권자인 문재인 대통령을 보좌하는 역할을 충분히 하지 못했다.[9]

검찰총장 윤석열은 대통령이 되었다. 문재인 정부 시기 검찰은 '살아 있는 권력'을 수사한다면서 문재인 정부에 칼을 겨눴다. 그 검찰이 국가 권력의 최고 정점에 섰다. 스스로 '살아 있는 권력'이 된 것이다. 지금 검찰은 결코 '살아 있는 권력'에 칼을 겨누지 않는다. 오히려 철저히 보호한다. 이제는 '미래 권력'의 가능성이 있는 인사를 정조준한다. 이재명 대표와 그 주변에 대한 압수수색, 구속, 체포 동의안 등 검찰이 할 수 있는 모든 일을, 매우 부지런하게 집중적으로 하고 있다. 이 정도면 검사 시절 윤석열의 말처럼 "검사가 수사권 가지고 보복하면 그게 깡패지, 검사입니까?"라는 말을 되돌려줄 필요가 있다. 검사 윤석열의 말대로라면 지금의 윤석열 정부의 검사는 검사가 아니라 깡패다.

윤석열은 검찰 출신일 뿐, 그의 당선을 두고 검찰이 국가 권력을 쥐었다고까지 말하는 건 과장이라는 반론이 있을 수 있다. 결코 과장이 아니라는 점은 윤석열 정부의 인사에서 충분히, 적나라하게 드러났다. 청와대와 내각, 각종 산하 기관의 실세 자리를 '검찰 출신'들이 알뜰하게 꿰찼다. 조국 교수의 책 『디케의 눈물』과 『시사인』 기사 「관료와 검찰로 채워진 윤석열 정부 100대 요직」[10](2022. 9. 28)이 윤석열 정부의 검찰 인사를 꼼꼼하게 정리했다. 『시사인』은 '100대 요직'을 기준으로 다소 엄격하게 추려 기사화했고, 『디케의 눈물』은 좀 더 넓은 범위, 그리고 이면의 인연까지 고려해 촘촘하게 실었다. 두 텍스트를 기초로 〈표〉를 만들어 보았다.

〈표〉에는 그냥 검사라고 표기되어 있지만, 그 이력까지 살피면 대다수가 '윤석열 라인'이라는 점이 확인된다. 예컨대 부

기관	직위	이름	전 검찰 직위
대통령비서실	법률비서관	주진우	검사
	공직기강비서관	이시원	검사
	인사기획관	복두규	검찰 수사관
	인사비서관	이원모	검사
	국제법무비서관	이영상	검사
	총무비서관	윤재순	검찰 수사관
	부속실장	강의구	검찰 수사관
국가정보원	기획조정실장	김남우	검사
국무총리	비서실장	박성근	검사
금융감독원	원장	이복현	검사
국가인권위원회	상임위원	김용원	검사
국민권익위원회	위원장	김홍일	검사
국민권익위원회	부위원장	정승윤	검사
국민연금 기금운영위	상근전문위원	한석훈	검사
한국가스공사	상임감사위원	강진구	검찰 수사관
수협은행	상임감사	서정배	검사
교육부장관	보좌관	우재훈	검사
서울대병원	감사	박경오	검찰 수사관
한국연구재단	상임감사	강성식	검찰 수사관
민주평통자문위	사무처장	석동현	검사
통일부	장관	권영세	검사
국토부	장관	원희룡	검사
국가보훈부	장관	박민식	검사
법제처	처장	이완규	검사
법무부	장관	한동훈	검사
	차관	이노공	검사
	검찰국장	신자용	검사

* 2023년 10월 4일 현재.

산 LCT 사건에도 등장한 서정배 수협 상임감사는 윤석열 대통령의 장모 최은순 씨와 부인 김건희 씨의 변호를 맡았던 인물이다. 이완규 법제처장 또한 장모 최은순 씨의 사건을 맡아 변호했었다. 강진구 한국가스공사 감사위원, 강성직 한국연구재단 상임감사 등은 윤석열 대통령이 서울중앙지검장으로 있을 때 사무국장을 맡은 인사들이다. 〈표〉에 열거된 인사들 대다수는 이런 식의 '인연'을 갖고 있다고 봐도 무방하다. 검찰 출신이면서 윤석열 대통령과 인연이 있는 사람들이 국정을 장악하고 있는 셈이다. 대통령실이나 내각의 요직에 '자기 사람'을 앉히는 것까지는 이해한다 치더라도, 국가인권위원회·국민권익위원회·서울대병원·교육부·한국연구재단 같은 곳까지 '검사 출신'이 자리를 차지하는 건 도무지 이해할 수가 없다. 이들이 단순히 고액 연봉의 수혜자로 머물지는 않을 것이다. 해당 기관이나 위원회를 검찰과 연결하는 파이프라인 역할을 한다고 볼 수 있으며, 검찰의 눈이 되어 상시 감시 체계를 작동시킨다는 추측이 가능하다. 국정원 기획조정실장, 국무총리 비서실장, 인권위 상임위원, 교육부 장관 보좌관 등이 '검사 출신'으로 앉아 있으면, 국정원장·국무총리·인권위원장·교육부 장관이 과연 소신껏 일을 할 수 있을까 의문이 들 수밖에 없다.

어느 정부도 이처럼 많은 '검찰 출신'들을 이처럼 곳곳에 포진시키지 않았다. 문제는 여기서 그치지 않는다. 차기 총선까지 이어지는 국민의힘 당협위원장 인선(2022년 12월)에서 검찰 출신들이 대거 '위원장'으로 임명됐다. 기업들은 검찰 출신 사외이사를 영입해 안전장치를 마련하고 소통 창구를 확보하고 있다. 대통령 선거로 행정부를 장악한 데 이어 내년 총선을 통해 입법부 장악까지 노리고 있으며, 이런 분위기에 민간 부문 또한 검찰 출신들을 배치하고 있다. 윤석열 정부 출범과 동시에 대한민국이 대한검국으로 바뀌어 가고 있는 모양새다.

이 같은 변화가 '검찰 가족'들에게는 좋을지 모르나 국민들의 입장에서 보면 '대한민국의 추락'에 다름 아니다. 국가 권력이 한쪽으로 치우친 나라치고 잘된 나라는 찾기 어렵다. 경찰, 군대, 중앙정보부(안기부), 보안사······. 해방 이후 국가 권력을 과점한 세력들이다. 특정 세력의 과점이 약화되면서, 혹은 세력 간 균형이 유지되면서 정치의 시대를 거쳐 왔다. 정치의 시대가 늘 좋았던 것만은 아니었으나 조금씩이나마 '앞으로' 나아가기는 했다. 마침내 대한검국이 오고 나서 모든 지표가 빠른 속도로 뒷걸음치고 있다. 경제, 외교, 국방, 민생 등 어느 곳에서도 좋은 소식이 들리지 않는다. 자기 능력을 과신한 독실한 무능력자들이 매우 소신 넘치게 나라를 망치고 있는, 정말 희한한 국가적 참극이 벌어지고 있다. 대런 애쓰모글루 MIT 경제학과 교수와 제임스 A. 로빈슨 하버드대학교 정치학과 교수가 함께 낸 책 『국가는 왜 실패하는가』에서 경고한 '수탈적 체제'의 등장을 보는 것 같다. 이 책은 "시민이 권력을 쥔 엘리트층을 무너뜨려 정치권력을 한층 고르게 분배 (…) 시민에 대한 정부의 책임과 의무가 강조되며 일반 대중이 경제적 기회를 균등하게 누릴 수 있는 사회"가 실패하지 않고 풍족해질 수 있다는 점을 여러 나라들의 사례를 통해 증명하고 있다. 대한검국은 정확히 그 반대, 곧 '수탈적 체제'로 가고 있다. 권력을 쥔 엘리트층이 더 큰 권력을 쥐고 시민을 무너뜨리고 있는 것이다. 대한검국은 시민에 대한 정부의 책임과 의무가 없다."[^11] 내년 총선은 이 같은 '검국'에 날개를 달아 주느냐, 브레이크를 거느냐를 가름하는 대회전이 될 것이다.

주석

1   이준석, 「두려움에 사로잡힌 대통령」, 『경향신문』, 2023. 10. 31.

2   문준영 ,「한국적 검찰제도의 형성」, 『내일을 여는 역사』, 36호, 2009, p. 26. 이하 '일제 식민 지배 편의·효율 위해 수사기관이 된 검찰'의 주요 내용은 이 논문에서 가져왔다.

3   박기석, 「검찰개혁의 필요성과 내용」, 『한양법학』, 57권 1호, 한양법학회, 2017, p. 186. 이하 '재판만 빼고 모든 권력 다 가진 한국의 검사' 주요 내용은 이 논문에서 가져왔다.

4   김소영, 「검사가 피의자인 사건은 '기소율 0.1%'」, 『CBS노컷뉴스』, 2022. 4. 15.

5   손하늘, 「수사하다 변호인으로 … 급기야 회장님 최측근 된 '검사'」, 『MBC뉴스데스크』, 2021. 3. 12.

6   강나림, 「전화 한 통, 서면으로 '조사 끝' … 검찰의 봐주기」, 『MBC뉴스데스크』, 2021. 3. 12.

7   박용현, 「이것은 왜 '정치적 수사'인가」, 『한겨레』, 2023. 11. 1. 참조.

8   조국, 『디케의 눈물』, 다산북스, 2023, p. 36.

9   조국, 『디케의 눈물』, 다산북스, 2023, pp. 40~41.

10   문상현, 「관료와 검찰로 채워진 윤석열 정부 100대 요직」, 『시사인』, 784호, 2022. 9. 28.

11   대런 애쓰모글루·제임스 A. 로빈슨, 『국가는 왜 실패하는가』, 시공사, 2012, 644쪽 참조

제2장

탈당

1
최소 10여 년 전에 마련된
'검찰 정상화' 방안

2022년 4월 20일 나는 더불어민주당을 탈당했다. 검찰 정
상화 입법 국면에서 최악의 사태를 대비하기 위한 조치였다. 국
회의장 중재안을 국민의힘 법사위원들이 합의하지 않을 경우
의결 구조를 갖춰 법안을 본회의에 상정시키기 위한 '무소속
확보' 차원이었다. 국회 상임위에서 특정 안건이 의견 대립으로
교착 상태에 빠졌을 때 이를 풀기 위해 위원장 1명 포함 총 6명
으로 안건조정위원회를 구성한다. 이때 구성 비율은 다수당 조
정위원 3명 vs. 다수당에 속하지 않은 조정위원 3명으로 한다.
조정안을 의결하기 위해서는 4명 이상의 찬성을 얻어야 한다.
다수당인 더불어민주당 3명 외에 '다수당에 속하지 않는 위원
1명'이 더 필요했다. 그래서 탈당해 무소속 국회의원이 됐다.

당이 내게 특별히 '지시'한 것은 아니었다. 다만, 탈당을 해서라도 법안 처리를 해야 한다는 절박한 기류가 당내에 형성되어 있었다. 탈당에 앞서 4월 18일 당의 요청에 따라 국회 법사위는 '소병철-민형배 위원 사·보임' 절차를 거쳤다. 더불어민주당의 요청에 따라 국회의장이 소병철 의원을 빼고(사임) 민형배 의원을 법사위원으로 교체(보임)한 것이다. 한동훈 법무부 장관 내정자 인사청문회에 나를 투입하고자 단행한 조치였다. 일부 언론이 보도한 것처럼 안건조정위에 나를 '무소속'으로 넣기 위한 것은 아니었다. 『연합뉴스』 2022년 4월 20일 자 기사는 "민주 '민형배 탈당, 개인적인 비상한 결단 … 숙고 끝 수용'"이라는 제목의 기사에서 아래와 같이 썼다.

더불어민주당은 20일 법제사법위원회 소속 민형배 의원이 전격 탈당한 것과 관련해 "민 의원의 개인적인 비상한 결단이 있었다"고 밝혔다. 민주당 오영환 원내대변인은 이날 국회에서 기자들과 만나 이같이 말한 뒤 "민 의원이 그런 고민을 하고 있음을 전달했고, 원내지도부는 상의와 숙고 끝에 이를 수용했다"고 밝혔다.

오영환 대변인의 발표가 있기 전날, 19일 늦은 오후 민주당 원내대표실에선 대책 회의가 열렸다. 법사위원들과 원내대표단이 함께 만났다. 아무리 봐도 양향자 의원이 검찰 정상화 법안, 즉 「형사소송법」과 「검찰청법」 개정안을 찬성하지 않을 것 같다는 사실이 확인됐다. 회의 결론은 결국 안건조정위로 갈 수밖에 없고 "그러면 누군가 탈당을 해야 하는 것 아니냐"는 말이 농담처럼 오갔다. 당시 나는 인사청문TF 단장을 맡고 있었다. 원래 정무위원회 소속이었지만, 한동훈 법무부 장관 인사청문회를 위해 법사위로 옮긴 지 오래되지 않은 시점이었다. 그날 저녁 이수진 의원은 한 유튜브 방송에 나가 "누군가가 탈당을 할 수밖에 없는 상황이 됐다"라고 말했다. 자연스럽게 '이수진 의원이 탈당하는 것 아니냐'는 소문이 돌았다.

내가 탈당을 하게 된 것은 20일 원내대표의 발언 때문이었다. 원내대표가 한 라디오 방송에 출연해 "우리는 거기에 따른 대책도 다 준비되어 있다"고 말했다. 이때 나는 탈당을 결심했다. 원내대표의 발언은, 누구라고 지목하지는 않았으나 '탈당이 필요하다'는 시그널임에 분명했다. 검찰 정상화에 가장 적극적인 지역이 광주이니, 다른 의원보다 내가 탈당하는 게 낫다고 생각했다. 중요한 결정이어서 상의가 필요했다. 출근하자마자 보좌진과 의논했다. 보좌관은 "탈당하면 복당하는 것이 그렇게 쉽지는 않다. 그리고 굳이 꼭 우리가 탈당이라는 짐을 짊어져야 할 이유도 없다"라며 말렸다. 광주에 있는 지인 한두 명에게 의견을 물었다. 한결같이 "탈당을 해서라도 검찰 개혁에 힘을 보태야 한다"고 말했다. 보좌진을 설득했다. "어떤 불이익이 좀 있겠지만 이것은 의원을 하면서 다시 오지 않을 기회이 기도 하다. 이런 일은 한 번밖에 할 수 없는 일이다. 그냥 우리 가 받아들이는 게 좋겠다"고 설득했다. 보좌진들이 "그러면 어 쩔 수 없지 않으냐"라고 하면서 수긍했다. 일단 탈당원을 작성 해서 필요한 때 활용하도록 당에 제출했다. 따라서 "의결 정족 수를 충족시킬 의도로 민주당과 협의해 탈당했다"는 헌법재판 소의 판결(다수 의견)은 반은 맞고 반은 틀렸다. 내가 탈당을 결 행한 20일 오전, 전날 오후부터 형성된 '누군가의 탈당 필요성' 분위기를 파악하고 흐름을 읽은 것은 맞지만 당과 긴밀한 협의 를 거쳐 탈당이 이뤄진 것은 아니었다. 탈당 이후 예상되는 상 황에 대한 어떤 논의도 없었다는 것이 그 반증이다. 예컨대 복 당의 시기나 방법에 대해 당의 누구와도 논의나 검토 같은 것 을 귀띔조차 해 보지 않았다. 그러므로 내가 정무위를 떠나 법 사위로 옮긴 것이 탈당을 위해서라거나 안건조정위를 염두에 뒀다는 추론은 모두 뇌피셜에 불과하다. 특히 국민의힘 쪽과 언론이 '당과 협의해 탈당했다'는 식으로 주장하고 보도한 것 은 지금이라도 바로잡아야 한다.

탈당의 근거는 딱 하나였다. 검찰 국가화를 조금이라도 막 을 수 있을 것이라는 기대, 오직 그것뿐이었다. 정치적 유불리 도 셈해 보지 않았다. 정치 인생의 미래에 대해서도 생각해 보 지 않았다. 대통령 비서실에서 일하는 동안 검찰 쿠데타가 시작되는걸, 조국 장관 후보자 지명과 함께 수사권을 동원한 검찰의 공격이 시작되는 것을 보아 왔었고, 그때 막아 내지 못한 것에 대한 후회가 가득한 채로 국회에 들어왔다. 국회에 들어와서 곧바로 검찰개혁특위의 일원으로 활동했다. 그 후로 나는 평범한 방식으로는 검찰 개혁이 가능하지 않다는 것을 정말 절절하게 느꼈다. 검찰이 어떻게 더불어민주당을 공격했고, 더불어민주당이 거기에 어떻게 무너졌는지를 여러 차례 보았다.

탈당 발표 후 엄청나게 많은 기자들이 전화를 해 인터뷰를 요청했다. 단 하나도 응하지 않았다. 내가 뭐라 한들 이 탈당의 의미가 제대로 전달될 수 없었기 때문이다. 어떤 언론인과도 접촉하지 않았다. 신기하게도 '탈당 직후' 난항을 겪던 여야 간의 합의문이 나왔다. 2022년 4월 22일 그 합의문대로만 되면 나는 탈당의 목적을 달성한 셈이 됐다. 이때까지만 해도 이 정도의 비난은 감당할 생각이었다. 문제는 이 합의문을 깨면서부터 시작됐다.

앞서 나는 '절박한 기류'에 대해 언급했다. 더불어민주당은 2022년 대통령 선거에서 패배했다. 대선의 승리자는 국민의힘이라기보다는 검찰이라고 말하는 편이 더 타당했다. 당선자 윤석열부터가 뼛속까지 검찰이고, 4월 13일 법무부 장관 후보로 지명된 한동훈 또한 윤석열의 또 다른 자아에 다름 아니었다. 내각은 물론 산하 기관, 각종 국가 위원회를 검찰 출신들이 장악할 것이라는 이야기는 소문이 아니라 실제였다.¹ 다가올 '검찰 정부'를 제어할 당장의 행동이 절실했다. 이 절실함은 더불어민주당 지지자들의 절실함이기도 했다. 대선 패배는 돌이킬 수 없지만, '검찰 정상화' 법안 처리까지 패배할 수는 없었다.

다가올 정부가 '검찰'이어서 절실했던 것만은 아니다. 검찰 정상화가 우리 사회의 중요한 과제로 떠오른 건 충분히 오래되었다.

첫 번째 시도가 참여정부 때였고, 성공하지 못했다. 그럼에도 검찰은 퇴임한 노무현 대통령을 정조준해 비극의 골짜기로 몰고 갔다. 두 번째 시도가 문재인 정부 때 있었다. 검찰이 무제한으로 쥐고 있었던 수사권을 6개 범위로 축소한 성과가 있었다. 이 성과를 내는 데 조국 전 장관 가족이 멸문지화에 이르는 타격을 입었고, 그 칼춤은 지금도 진행 중이다. 배턴을 이어받은 추미애 장관도 검찰의 타깃이 되었고 힘겹게 싸워 가는 중이었다.

검찰 정상화라는 시대의 과제가 문재인 정부만의 문제는 아니었다. 이명박 정부 때 MBC 〈PD수첩〉이 '스폰서 검찰'을 보도했다. 검찰 개혁에 대한 국민적 요구가 광범위하고 강력하게 형성되었다. 당시 민주당은 '검찰개혁 및 사법제도 발전특별위원회'를 구성해 검찰 정상화의 구체적 방안과 법률안을 발표했다. 위원장은 민주당 박주선 의원이었다(검찰 출신인 박 전 의원은 지난 대선에서 국민의힘으로 합류했고, 윤석열 대통령 당선자의 '제20대 대통령취임준비위원회' 위원장으로 일했다).

이명박 정부 시기, 민주당 박주선 사법특위 위원장은 2010년 4월 23일 오전 국회 정론관 기자회견을 통해 "지난 19일 MBC 〈PD수첩〉에서 검사와 스폰서의 불법 유착 관계가 백일하에 드러났다"며 "검찰권의 독립·중립성 확보, 공정한 검찰권 행사와 인권 보장, 검찰 수사의 적법 절차 준수, 검사 등에 대한 신상필벌 강화 등 검찰 개혁의 4대 목표 아래 22개 개혁 과제 등 검찰 개혁안을 준비했고, 이를 법률안의 형태로 성안했다"라고 밝혔다.

이어 박 위원장은 "검찰의 문제는 도덕성만이 아니다. 정치적 중립성 역시 심각하게 훼손됐다"며 "이명박 정권 2년, 검찰은 정치 검찰로 화려하게 부활해 과거 권력은 '죽이기 수사'로, 산 권력에는 '봐주기 수사'로, 정부 비판은 '옥죄기 수사'로 일관해 왔다"고 비판했다. 박 위원장의 지적이 13년 후 윤석열 정부의 행태와 놀랍도록 일치한다는 점이 새삼스럽다.

사법특위는 검찰 개혁 4대 실천 방향으로 △검찰의 독자적·합리적 활동 보장 △인권 침해·자백 위주 수사 행태 개선 △공판 중심주의 및 적법 절차 실질화 △검찰 권력의 합리적 분산, 견제 등을 주장했다.

사법특위는 검찰의 정치적 중립성 보장과 검찰 권한을 견제할 수 있는 개혁 방안으로 △법무부·검찰의 겸임 금지(법무부 탈검찰화) △대검 중앙수사부 폐지 △수사권과 기소권을 갖는 고위공직자비리조사처의 설치 △검찰총장의 국회 출석 의무화 △인사위원회 및 감찰위원회 강화(무죄 사건의 인사 평정 반영) △검·경 수사권 조정 등을 마련했고, 구속 피고인 소환 조사 억제, 압수수색 요건 강화, 인신 구속 남용 방지 등 인권 보장을 위한 검찰 개혁 방안 등 총 22개의 세부 과제를 설정 했다.[2]

박주선 위원장 체제에서 마련된 '검찰 개혁 4대 실천 방향'을 기준으로 삼으면, 이미 10여 년 전에 검찰 개혁의 방향과 내용이 구체적으로 확립되었다는 점이 드러난다. 검찰 권력의 합리적 분산, 고위공직자비리조사처 설치, 법무부·검찰의 겸임 금지(법무부 탈검찰화) 등 민주·개혁 진영이 줄기차게 추진해 온 '검찰 개혁'의 내용 마련이 어제오늘의 일이 아니었던 것이다. 오랫동안 추진되어 왔고, 민주·개혁 진영의 요구가 분명하고, 검찰 정부의 출범을 코앞에 둔 상황에서 더불어민주당의 선택지는 명확했다. 검찰 정상화 입법을 문재인 정부 임기 내에 한 단계 더 진척시키는 것이었고, 문재인 정부 임기 내여야만 가능한 일이었다. 이 즈음 그간 진행된 검찰 정상화 노력의 주요 과정을 일별해 보자.

2

탈당에는 떠들썩,
국민의힘 합의 파기에는 조용

　박병석 국회의장이 제안한 중재안에 더불어민주당과 국민의 힘이 합의했다. 합의의 내용을 문서로 만들고 양당 원내대표와 국회의장이 서명했다. 박 의장은 "국회 구성원 모두의 동의를 받은 가장 높은 단계의 합의"라고 평가했다. 그런데 이 문서는 지금 없다. 사흘 뒤에 국민의힘이 '파기'했기 때문이다.

　없는 건 문서만이 아니다. 불과 하루 뒤에 합의를 파기한 국민의힘의 '정치적 배신'에 대한 평가도 없다. 거꾸로 '민형배 탈당' 비난은 차고 넘친다. 합의를 이끌기 위해 탈당했고, 합의를 지키기 위해 안건조정위로 들어갔다. 탈당 자체는 '편법'이라 하더라도 그 목적은 합의였다. 합의는 국민의힘 의원총회에서 박수까지 받으며 승인 받았다. 그런데 갑자기 파기했고, 대다수 언론은 이 파기를 모른 척했다. 오직 '민형배 탈당'을 비난하는 데 온 힘을 쏟았다. 이 비난의 분위기를 업고 개정 「검찰청법」·「형사소송법」까지 '잘못된 것'으로 연결시켰다. 두 법안이 본회의를 통과하고 공포까지 됐으니 무슨 문제냐는 의견이 있을 수 있다. 윤석열 정부는 시행령을 통해 두 법안을 무력화시켰다. 이게 가능한 배경에는 '여론의 왜곡'이 있었다. '민형배 탈당 비난 → 문제 있는 법안 → 시행령으로 무력화 → 무저항'이라는 컨베이어벨트의 출발이 '민형배 탈당 비난'이었던 것이다. 개인적으로 내가 정치적 책임을 지는 것과는 별도로 '민형배 탈당 비난'은 대한검국으로 가는 고속도로의 출발선 역할을 했다.

국회 구성원 모두의 동의를 받은 가장 높은 단계의 합의가 한순간에 부정당했다. 박병석 국회의장은 '검찰 개혁법 여야 합의 파기'를 재임 기간 동안 가장 아쉬웠던 점으로 꼽았다. 국민의힘이 '파기'했고, 더불어민주당은 '민형배 탈당'이라는 '편법'을 써서 합의대로 통과시켰다.

주권자 시민들의 '편법' '꼼수'라는 비판을 나는 겸허히 수용한다. 박 의장의 표현대로 "위법은 아니지만 바람직하지 않았"다. 하지만 세세한 내막을 잘 알고 있는 언론이, 지식인이, 논객들이 '파기'의 책임은 전혀 묻지 않고 '편법'만 공격하는 것은 받아들일 수 없다. 의회 정치를 부정하고 국민을 배신한 합의 파기가 없었다면 편법을 동원할 필요도 없었다는 점, 분명히 해 두고자 한다.

한편으로 나는 '검수완박'이라는 용어에 동의할 수 없다. 법안을 살펴보면 충분히 확인할 수 있다. 검찰의 직접수사권을 부패·경제 범죄에 제한하는 정도의 '조정'이 이뤄졌을 뿐이다. 검찰수사권 '완전 박탈'이 아니었기 때문에 국민의힘이 의원총

합 의 문

1. 검찰의 직접 수사권과 기소권은 분리하는 방향으로 한다. 검찰의 직접 수사권은 한시적이며 직접 수사의 경우에도 수사와 기소 검사는 분리한다.

2. 검찰청법 제4조(검사의 직무) ①항 1호 가목 중 「공직자범죄, 선거범죄, 방위사업범죄, 대형참사」를 삭제한다. 검찰 외 다른 수사기관의 범죄 대응 역량이 일정수준에 이르면 검찰의 직접 수사권은 폐지한다.

3. 검찰의 직접 수사 총량을 줄이기 위해 현재 5개의 반부패강력(수사)부를 3개로 감축한다. 남겨질 3개의 반부패수사 검사수도 일정수준으로 제한한다.

4. 범죄의 단일성과 동일성을 벗어나는 수사를 금지한다(별건 수사 금지). 검찰의 시정조치 요구사건(형소법 197조의3(시정조치요구등))과 고소인이 이의를 제기한 사건(형소법 245조의7(고소인등의 이의신청))등에 대해서도 당해 사건의 단일성과 동일성을 해치지 않는 범위 속에서 수사할 수 있다고 규정한다.

5. 법률안 심사권을 부여하는 사법개혁특위를 구성한다. 이 특위는 가칭 '중대범죄수사청(한국형 FBI)' 등 사법 체계 전반에 대해 밀도 있게 논의 한다.
   - 중수청은 특위 구성 후 6개월 내 입법 조치를 완성하고 입법 조치 후 1년 이내에 발족시킨다. 중수청(한국형 FBI)이 출범하면 검찰의 직접 수사권은 폐지한다.
   - 중수청 신설에 따른 다른 수사기관의 권한 조정도 함께 논의한다.
   - 사법개혁 특위의 구성은 13인으로 하며 위원장은 민주당이 맡는다. 위원 구성은 민주당 7명, 국민의힘 5명, 비교섭단체 1명으로 한다. 사개특위는 모든 수사기관의 수사에 대한 공정성, 중립성과 사법적 통제를 담보할 수 있는 방안도 함께 마련한다.

6. 공수처 공무원이 범한 범죄는 검찰의 직무에 포함한다(검찰청법 제4조)

7. 검찰개혁법안은 이번 임시국회 4월 중에 처리한다.

8. 이와 관련된 검찰청법 개정안과 형사소송법 개정안은 공포된 날로부터 4개월 후 시행한다.

2022년 4월 22일

더불어민주당 원내대표	국 회 의 장	국민의힘 원내대표
박홍근	박병석	권성동

회에서 박수까지 치며 합의를 했던 것이다. 합의를 깨려고 있지도 않은 '검수완박'을 들고 나왔다. 모리배들의 정치 선동이다. "검수완박은 부패완판"(2021. 3. 3. 대구)이라며 정치적 선동을 시작한 것은 윤석열 검찰총장이었다.

검수완박이 아니어서, 한동훈 장관은 임명장을 받자마자 금융·증권범죄합동수사단을 출범시켰고, 지금은 전국 11개 '중점 검찰청'에 합동수사단 추가 설치 방안을 준비하고 있다. 여전히 남아 있는 검찰의 수사권을 활용해 한 장관은 대한검국의 대국민 지배력을 강화하고 있는 중이다. 나의 진짜 소신은 '검수완박'이었다. 국민의힘은 '검수완박'을 '국회의장 중재 합의'로 한 단계 낮췄고, 그래서 의원총회에서 박수까지 치며 승인했다. 그런데 '합의'를 확보하자마자 '파기'로 아예 없애려 했다. 더불어민주당은 여전히 합의 존중을 전제로 "합의안대로 처리한다"는 걸 '당론'으로 채택했다. 법안이 공포되고 나서 윤석열 정부가 들어섰다.

윤석열 정부와 한동훈 장관은 시행령을 통해 법안을 다시 한 번 '파기'했다. 그러나 이 같은 국민의힘과 윤석열 정부의 만행에 대해서는 비판도 비난도 거의 없었다. 오직 민형배의 탈당만이 이 모든 정치적 과정의 유일한 흠결인 양 합창을 해댔다. 광주의 한 지인이 다음과 같은 내용으로 페이스북에 포스팅을 했다. 참고할 만한 의견으로 전제한다.

〈민형배 의원을 위한 변명, 나는 '위장 탈당'을 지지한다〉

한국 정치사에서 목적 달성을 위한 합종연횡은 흔하다. 매우 흔하다. 어떤 것은 꼼수로 비난받고 어떤 것은 정의로운 연대로 칭송받는다. 프랑스나 독일의 연정은 정치적 합종연횡이 '제도화' '문화화'한 경우다.

민형배 의원의 '위장 탈당'을 두고 말들이 많다. 검찰 권력 정상화를 위한 부득이한 방법으로 보는 이들이 있고, 소수당의 저항권을 무력화시킨 꼼수로 보는 시각도 강하다. 나는 둘 다 일리 있는 평가라고 본다.

제도로서(이념과는 다른 의미에서) 민주주의의 대전제는 누구도 진실을, 정의를 독점할 수 없다는 것이다. 종교를 밀어내고, 학자·전문가를 주변화시키면서 남녀노소, 소득, 학력 불문하고 1인 1표를 절대화한 배경이 여기에 있다.

그러니까 민주주의는 '신성'을 거부하는 '세속'의 문법이다. 누구도 독점할 수 없는 정의보다 각각의 정의가 타협점을 찾아 '합의'에 이르는 시스템이 민주주의다. 합의 자체가 정의는 아니다. 합의는 갈등 해소 및 의사 결정을 위한 '덜 잔인한 방법'일 뿐이다.

어쩔 수 없이 민주주의는 공리주의를 가장 강력한 기반으로 삼는다. 잃게 되는 공적 손실보다 얻게 되는 공적 이익이 크면 '위장'이든 '꼼수'든 허용 가능하다는 것이 공리주의 관점이다. 민형배

의원의 '위장 탈당'을 보는 내 시각이기도 하다.

물론 형식, 관행, 품위를 모두 지키면서 필요한 것을 얻으면 가장 좋다. 만약 그게 어렵다면, 포기해야 할까?

따지고 보면 무소속 양향자 의원의 포지션이 '소수당의 저항권'이라고 볼 수도 없다. 곤경에 처한 양 의원을 민주당이 활용하려던 것뿐이었다. 민 의원의 '위장 탈당'으로 검찰 정상화 진도가 한 발 더 나아갔고, 그로 인한 공적 이익이, 의회의 룰에 스크래치를 낸 손실보다 훨씬 크다고 본다.(검찰 정상화 법안의 공익적 효과에 대해서는 의견이 다를 수 있다. 나는 공익적 효과가 크다는 전제로 말하고 있다.)

2000년 전후 김대중의 DJP연합, 자민련의 의원 4명을 '꿔 주는 정치적 꼼수'가 등장했다. 얼마 전까지 선거 때마다 논의됐던 민주당과 진보정당의 '연대'도 '꼼수'라고 비난한들 할 말이 없다. 하지만 민주 진영은, 논란은 있었으나 결국 추인했다. 정의로워서가 아니었다. 얻을 수 있는 민주적, 공적 가치가 크다고 보았기 때문이다.

합종연횡, 꼼수, 정치적 기술 관련해서는 더 많은 사례들이 있다. 큰 사건으로는 3당 합당, 관행화한 경우로는 법사위의 '상원화' 같은 것도 꼼수다. 이토록 많은 이야기들을 저버린 채 '탈당'과 '민형배'라는 두 단어만을 조합해서 비아냥거리는 태도를 나는 수용할 수 없다.

맥락을 거세하고, 공익적 가치를 저울질하지 않으면서, 오직 형식적 반듯함만을 강제한다면 정치가 설 자리는 없다. 시민군의 총도 폭력이 되고, 김대중 대통령의 방북도 탈법이 되며, 군사분계선을 오갔던 문재인 대통령도 처벌받아야 한다.

민주주의에서 정치는 최종심급이다. 관료주의와 법치주의는 어제의 합의를 오늘 시행하는 것이다. 정치는 오늘 벌어지는 일을 수습하고, 내일을 위해 해야 할 일을 찾아서 해야 한다. 미지의 새로운 세계를 전망한다는 점에서 정치는 낯설수록 의미 있을 확률이 높다.

무상급식이 그랬고, 기본소득이 그러고 있으며, 주5일근무제나 금융실명제 등이 그러했었다. 그 행위를 '꼼수'라고 부르든 '기발한 방법'이라고 부르든, 정치 영역에서는 다소 낯선 행동이 나올 수밖에 없다. 낯선 것이 다 좋은 것은 아니겠지만, 낯설다고 해서 나쁘다고 하면, 다시 정치의 자리는 없다.

형식은, 그 형식이 담고 있는 가치를 지키는 중요한 기능을 한다. 다른 한편 형식은, 그 형식이 보호하는 가치 이외의 가치를 배제하는 부정적 기능도 있다. 형식에 대한 경직된 '추앙'은 대개는 보수의 문법이다. 오늘을 지킬 수 있을지 모르나 내일을 여는 데는 걸림돌일 경우가 많다.

정치는 어떤 것도 신성시해서는 안 된다. 형식을 지키면서도, 동시에 재구성할 권한을 부여받은 정치는 형식의 담장 위에서 위태로운 춤을 출 수밖에 없다. 나는 묻고 싶다. 머시 중한가? 민형배 의원은 무엇을 버리고 무엇을 취했는가? 버린 것과 취한 것의 공익

적 가치를 저울질해 볼 필요는 전혀 없는 것인가? 그저 '위장 탈당'
만 나쁜 것인가?

3

헌법재판소,
"수사권 조정은 국회 입법 사안"

국회는 2022년 4월 30일 본회의에서 「검찰청법」 개정안을
통과시켰다. 2022년 5월 3일 본회의에서 「형사소송법」 개정안
을 통과시켰다. 개정된 법률의 주요 내용을 살펴보자.

개정 「검찰청법」은 ① 검사의 직접 수사 범위를 6개에서
2개로 변경했다. 이전 6개는 부패 범죄, 경제 범죄, 공직자 범
죄, 선거 범죄, 방위사업 범죄, 대형 참사 등이다. 변경된 2개는
"부패 범죄, 경제 범죄 등 대통령령으로 정하는 중요 범죄"이다.
② 수사를 개시한 검사가 공소를 제기할 수 없도록 했다. 다만,
사법경찰관이 송치한 범죄에 대해서는 공소를 제기할 수 있다.
③ 검찰총장은 직접 수사를 할 수 있는 부의 직제 및 해당 부
에 근무하고 있는 소속 검사와 공무원, 파견 내역 등의 현황을
분기별로 국회에 보고하도록 하였다.

개정 「형사소송법」은 ① 검사는 사법경찰관에게 송치받은

사건 관련, 동일성을 해치지 아니하는 범위 내에서 수사할 수 있도록 했다. ② 합리적인 근거 없이 별개의 사건을 부당하게 수사하지 못하도록 했고, 다른 사건의 수사를 통하여 확보된 증거 또는 자료를 내세워 관련 없는 사건에 대한 자백이나 진술을 강요할 수 없도록 했다. ③ 사법경찰관에게 수사 결과 불송치 결정을 받아 이의 신청을 할 수 있는 주체에서 고발인을 제외했다.

여기서 밝히고자 하는 것은 법무부 장관·검사(이하 한동훈 장관. 윤석열 정부 들어 검찰총장은 존재감이 전혀 없다. 법무부·검찰총장·검사, 이 모두를 포괄할 수 있는 단어가 있다면 '한동훈'일 것이다. 여기서 '한동훈'은 인격이면서 동시에 윤석열 정부 특유의 '검찰 정치'를 실행하는 대표적 상징의 의미로 쓴다)들이 헌법재판소에 청구한 권한쟁의 심판의 '정치적 성격'이다. 「검찰청법」 및 「형사소송법」 요약은 권한쟁의 심판의 정치적 성격을 밝히는 데 필요한 최소 내용이다. 「검찰청법」·「형사소송법」의 법리에 관한 문제는 여기서 다루지 않는다.

쟁점은 두 가지다. 첫째는 한동훈 장관의 심판 청구가 권한쟁의 심판 청구로서 적법한지 여부이다. 둘째는 만약 적법하다면 개정 「검찰청법」·「형사소송법」이 청구인들의 권한을 침해하는지 여부이다. 첫째가 성립하지 않으면 둘째는 판단할 필요가 없는 사안이다. 헌법재판소는 '기각' 결정을 통해 한동훈 장관의 심판 청구가 권한쟁의 심판 청구로서 적법하지 않다는 결론을 내렸다.

둘째와 관련해서 헌법재판소는 아예 판단을 내리지 않았다. 왜 그럴까, 그 이유를 살펴볼 필요가 있다. 그 이유 안에 검찰 또는 검사의 헌법 및 법률상 지위, 권한 등이 담겨 있기 때문이다. 향후 주권자 시민이 검찰의 지위와 권한을 어떤 관점으로 보고 다루어야 하는지를 아는 것은 매우 중요하다 여기기 때문이다. 군대가 총칼로 쿠데타를 일으키듯, 검찰이 '법 기술'로 쿠데타에 준하는 헌정 위기를 조장할 가능성을 배제할 수 없기 때문이다. 이후 살펴보겠지만, 한동훈 장관은 '시행령'을 통해 개정 「검찰청법」·「형사소송법」을 무력화시켰다. 헌법재판소 결정이 이미 났음에도 다시 한 번 한동훈 장관의 무모한 청구를 되짚어 보는 이유다.

우리 헌법은 헌법재판소의 관할 사항 중 하나로 '국가 기관 상호간의 권한쟁의에 관한 심판'을 규정하고 있다(제111조 제1항 제4호). 이를 구체화하는 「헌법재판소법」은 "국가 기관 상호간의 권한쟁의 심판"을 "국회, 정부, 법원 및 중앙선거관리위원회 상호간의 권한쟁의 심판"으로 정하고 있다. 이 외 기관은 법률에는 명시되어 있지 않다. 다만 헌법재판소는 "그 국가 기관이 헌법에 의하여 설치되고 헌법과 법률에 의하여 독자적인 권한을 부여받고 있는지 여부, 헌법에 의하여 설치된 국가 기관 상호간의 권한쟁의를 해결할 수 있는 적당한 기관이나 방법이 있는지 여부 등을 종합적으로 고려하여"⁵ 그 외 기관도 권한쟁의 심판의 당사자가 될 수 있는 길을 열어 놓았다.

간단히 이해하자면 '국가 기관 상호간'에 권한을 다툴 때 헌법재판소가 심판을 한다는 것이다. 법률에 명시된 국회, 정부, 법원 및 중앙선거관리위원회는 입법-행정-사법에 정확히 대응한다. 한동훈 장관은 1) 국회의 입법이 검사의 권한을 침해했다 2) 법무부 장관은 검사의 사무를 관장하는 자이다 3) 따라서 국회의 입법이 법무부 장관의 권한을 침해했다는 논리로 권한쟁의 심판을 청구했다. 얼핏 그럴싸해 보이지만 과장된 논리이다. 법무부 장관이 권한쟁의 심판의 당사자일 수는 있다는 게 학계의 해석이다. 하지만 당사자로서 '적격성'까지 갖추려면 침해받은 권한이 있어야 하는데 개정 「검찰청법」, 「형사소송법」 은 법무부 장관의 권한을 침해하는 내용이 없기 때문에 '적격성'까지 갖추지는 못했다는 것이다. 한동훈 장관의 논리를 좀 더 밀고 나갈 경우 "검사에 관한 사무를 관장한다는 이유로 법무부 장관의 청구인 적격을 인정한다면 (…) 법무부를 통할하는 국무총리의 권한, 혹은 행정부 수반인 대통령의 권한에 대한 침해 여부 역시 문제될 수 있"⁶다는 것이다. 법무부 장관이 자격은 있으나 침해받은 권한이 없으므로 권한쟁의 심판 청구의 요건을 갖추지 못했다는 해석이다. 더군다나 이 건과 관련하여서는 청구인으로서 6명의 검사가 '따로' 있기 때문에 굳이 한동훈 장관의 이름까지 올릴 필요도 없다. 문제는 이들 검사들이 청구인으로서 자격을 갖췄는가이다.

권한쟁의 심판의 당사자가 되려면 해당 기관이 "헌법에 의하여 설치"되어야 한다. 우리 헌법에 '검사'라는 표현은 두 곳에서 등장하는데, 모두 영장 신청에 관한 것이다. 그러니까 검사가 '언급'은 되지만 영장 청구와 관련한 것뿐이어서 '설치'와는 다르다는 게 학계의 일반적인 해석이다. 헌법재판소는 "영장 신청권자로서의 '검사'는 '검찰권을 행사하는 국가 기관'인 검사로서 공익의 대표자이자 인권 옹호 기관으로서의 지위에서 그에 부합하는 직무를 수행하는 자를 의미하는 것이지, 「검찰청법」상 검사만을 지칭하는 것으로 보기 어렵다"[7]라고 했다. 따라서 "검사는 헌법에 의하여 그 조직, 구성과 권한이 규정되지 않으므로 이른바 '헌법 기관'은 아니라고 해석된다"라는 견해도 있다.[8] 검사는 헌법 기관이 아니므로 권한쟁의 심판 청구 자격이 없다는 결론 도출이 가능하다.

다만, 이 대목에서는 이견이 있다. 검사라는 지위가 '헌법에 의한 설치'라고 보기는 어렵지만, 헌법이 '검사에 의한 영장 청구'를 명시하고 있으므로 이 부분에 한해서는 자격을 갖출 수도 있다는 것이다. 예컨대 국회가 법률로 검사의 영장청구권을 박탈하는 법을 제정한다면, 헌법이 보장한 권한을 법률이 침해한 것이므로 당사자 자격을 가질 수도 있다는 해석이다. 그러나 개정 「검찰청법」·「형사소송법」은 '검사에 의한 영장 청구'를 전혀 건드리지 않았다. 결국 한동훈 장관 측이 제기하고 있는 '권한 침해'는 '수사권'이다. 그렇다면 검찰의 수사권이 헌법 사항인지 법률 사항인지만 살피면 답은 간단히 나온다. 결론은 법률 사안이다. 헌법 어느 곳에도 검사의 '배타적인 수사권'을 보장하는 문구는 없다.

　권한쟁의 심판에서 국가 기관이 특정 권한을 두고 다투는 것이 '권한쟁의'이고, 그 권한이 어디에 귀속되는지 밝히는 것이 '심판'이다. 우리 국가 기관의 권한은 헌법상 권한과 법률상 권한으로 구분할 수 있다. 기계적으로 분류하자면, 헌법이 권한을 규정하면 헌법상 권한이고, 법률이 권한을 부여하면 법률상 권한이다. 헌법을 고치기 위해서는 국민투표를 거쳐야 한다. 법률을 고치거나 새로 제정하는 일은 국회가 한다. 이 같은 기본 상식을 '수사권'에 적용해 보자.

　한동안 검찰은 수사권을 무제한으로 가졌다. 그러나 국회 패스트트랙이라는 우회로를 거쳐 2020년 6개 범위로 조정됐다. 이후 나의 탈당과 결부된 두 번째 입법 과정을 거쳐 2개 범위로 다시 조정되었다. 한동훈 장관 측은 이 '2개 범위'를 놓고 검찰의 수사권이라는 권한을 침해했다며 권한쟁의 심판 청구를 한 것이다. 우선 이 사실을 놓고 볼 때 한동훈 장관 측의 말이 성립하려면 '무제한 → 6개'로 조정될 때가 검찰 권한에 가장 큰 변화가 온 것이라고 볼 수 있고, 이 또한 권한 침해에 해당한다. 하지만 당시 검찰 측은 반발했을지언정 헌법재판소를 찾지는 않았다. 이 대목에서 한동훈 장관 측의 심판 청구가 얼마나 어처구니없는 것인지를 확인할 수 있다.

법리로 들어가 보자. 권한쟁의 심판은 헌법이 규정한 국가 기관의 권한을 다루기 때문에 헌법 재판으로 분류된다. 하지만 우리 제도는 헌법이 규정하지 않았더라도 법률적 권한의 침해 여부까지도 헌법 재판으로 다룬다. 법률상 권한이라 하더라도 "국가 기관으로서 가지는 권한의 배분 질서에 관한 문제는 헌법적 성질을 가지므로"⁹ 헌법 재판의 대상이 될 수 있다는 게 학계의 의견이다. 검찰의 수사권이 법률상의 문제라 하더라도 헌법 재판의 대상이 될 수는 있는 것이다. 남은 문제는 검찰 수사권의 조정이 헌법에서 보장한 검사의 어떤 권한을 침해하는가로 모아진다. 우리 헌법은 영장청구권 외에 검사의 다른 권한을 전혀 명시하고 있지 않다. 또한 우리 헌법은 수사권에 관해서도 특정한 입장이 없다. 뿐만 아니라 헌법재판소는 몇 차례에 걸쳐 형사 소송의 절차나 형식을 '입법 정책의 문제'라고 밝혀 왔다(밑줄은 필자).

우리 헌법은 공소 제기의 주체, 방법, 절차나 사후 통제에 관하여 직접적인 규정을 두고 있지 아니하다. 따라서 형사 소송에서 어떤 절차나 형식에 따라 공소를 제기하고 그에 대한 통제를 할 것인가의 문제는 헌법 원리에 위배되지 아니하는 한 입법자가 정하여야 할 입법 정책의 문제로서 그의 재량에 맡겨져 있다.[10]

우리 헌법은 수사나 공소 제기의 주체, 방법, 절차 등에 관하여 직접적인 규정을 두고 있지 않으므로, 입법자는 입법 당시의 시대적 상황과 국민 일반의 가치관 내지 법 감정 등을 고려하여 수사 및 공소 제기의 주체를 누구로 할 것인지, 어떠한 절차나 형식에 따라 수사를 진행하고 공소를 제기할 것인지를 결정할 수 있다.[11]

한마디로 수사권 조정은 국회 결정 사항이라는 이야기다. 헌법이 가장 상위이고, 그 다음이 법률이다. 국회의 입법이 헌법을 침해할 수는 있다. 이 경우에 헌법소원이나 권한쟁의 심판 같은 게 필요하다. 그런데 법률상의 권한이 입법으로 침해될 수는 없다. 이전까지 법률은 검찰에 6대 분야 수사권을 부여했다. 법률이 부여한 권한이다. 그런데 이제 6개 분야 수사권을 2개 분야로 조정했다. 이 또한 법률이 부여한 권한이다. 법률이 법률의 권한을 침해한다는 건 논리적으로 성립할 수 없다. 영장청구권을 제외한 검찰의 권한은 하늘이 내린 것이 아니다. 국민의 대표인 국회가 정하는 것이다. 국회가 검사의 영장청구권을 박탈한다면 헌법이 검찰에 부여한 권한 침해가 된다. 수사권은 그렇지 않다.

지금까지 전개한 논지는 실제 헌법재판소의 결정에도 부합한다(다음 장에서 자세히 다루겠다). 한동훈 장관은 이걸 몰랐을까? 몰랐다면 무능이고, 알았다면 도발이다. 나는 모르지 않았다고 본다. 그러니까 도발이다. 왜 도발했을까? 정치적인 이유 때문으로 추정한다. 핵심은 두 가지다.

첫째는 '검찰 개혁' 전선을 최전방으로 설정하는 전략이다. 헌법재판소까지 끌어들이면서 수사권 조정 문제를 복잡하게 만들어 향후 관련 논의의 합리적 진행 과정을 제거하는 것이다. 이 부분은 분명하게 한동훈 장관 측이 '승리'했다. 시행령을 통해 개정 「검찰청법」·「형사소송법」을 무력화시켰는데도 공론이 형성되지 않고 있는 것이다. 수사권이라는 말 자체의 피로도를 높여 자신들의 수사권을 보호하는 방식이다.

둘째는 한동훈 장관 자신의 '정치적 입지'를 다져 가는 전략이다. 문재인 정부와 맞서면서 윤석열의 정치적 자산이 쌓였다. 한동훈은 맞설 정부가 없다. 윤석열 정부가 '자신의 정부'이기 때문이다. 그래서 다수당을 점유하고 있는 더불어민주당과 맞서고 있다. 맞서되 판이 크고 그럴싸해야 한다. 본인의 이름까지 내걸면서 헌법재판소를 끌어들인 이유다.

그러니까 자신의 '정치적 미래'를 위해 헌법재판소를 끌어들이며 법무부 장관 권한을 사유화한, 헌정 사상 가장 나쁜 공직자의 사례를 한동훈이 보여 주고 있는 것이다.

여기서 나는 '징비'의 마음으로 천주교정의구현사제단 대표 김인국 신부의 포효를 전재한다. 지난 대통령 선거 한 달 전인 2022년 2월 7일, 전주 '치명자산 평화의 전당'에서 열린 민주주의와 평화를 위한 시국기도회 자리에서 발표한 '세상을 향한 사제단의 예언자적 호소 2'이다.

안녕하십니까. 유튜브 방송으로 함께하시는 여러분들도 안녕하십니까. 한국이 전 세계 코로나 일제고사에서 수석을 차지하는 것을 보고 깜짝 놀라던 세계가 대선 문항 하나를 놓고 끙끙대는 '같은 한국'을 보며 어리둥절해 하고 있습니다. 신앙인다운 그리고 민주 사회의 시민다운 선택에 혹시 보탬이 될까 하여 몇 말씀드리려고 합니다.

첫째, '사람을 일으켜 세울 한 사람을 찾아야 한다'입니다.

전주에서 가까운 진안에 자유 평등의 대동 세상을 꿈꾸던 사람이 살았습니다. 임금은 하늘이 내고 땅 위에 모든 것이 임금의 것이라 여기던 왕조 시대에 천하는 공물인데 어찌 주인이 따로 있으랴 했던 선비 '너 여' 자에 '세울 립' 정여립 선생이었습니다. 개인적 입신을 포기하는 대신 여립, 내가 너를 세우련다 했던 분이니 참으로 별 같은 존재였습니다. 엊그제가 봄을 일으켜 세우자는 입춘이었는데 자빠진 사람들을 우뚝 세우려는 여럽이나 그런 사람들을 위하여 따뜻한 봄을 세우는 립춘이나 같은 뜻이라 하겠습니다. 기왕 사람을 뽑아야 한다면 이런 좋은 이름들 가운데 하나를 고르면 참 좋겠습니다. 임금 선조는 정여립을 필두로 조선 최량의 인재 천 명을 죽였습니다. 그 유명한 기축옥사입니다. 그로부터 3년 후 임진왜란이 일어났습니다. 나라 지킬 재목들을 모조리 없앴으므로 나라가 거덜났던 것은 당연지사였습니다. 조선이 아주 기울기 전에 마지막으로 시대의 별들이 나타났습니다. 이병, 이승훈, 정여경 같은 천주교인들이었습니다. 조정은 그 별들도 해치웠습니다. 그리고 조선은 망해 버렸습니다. 아주 망해 버렸습니다. 인사가 만사라고 하지 않습니까. 옛날에 임금이 하던 일이 지금은 우리 한 사람 한 사람 손에 달려 있습니다. 살릴 수도 있고 망칠 수도 있는 권능을 신중하게 사용해야겠습니다.

둘째, '공사 구분을 못하는 사람은 안 된다'입니다.

어수룩한 시절에는 회사의 연장이나 자재, 인력 등을 빼돌려서 집안일을 해결하던 사람들이 숱했습니다. 그 덕에 대통령까지 해먹은 자도 있었는데, 아직도 그 시절의 수법을 버리지 못한 사람이 또 하나 있는 것 같습니다. 전두환은 평생직장이었던 군대의 병력을 빼돌려서 광주 학살을 저질렀고, 그때 무력시위로서 집권에 성공한 인물입니다. 비슷한 일이 우리 목전에서 벌어지는 중입니다. 검찰 조직의 우두머리가 되자마자 검찰 병력을 동원해서 법무부 장관의 가족을 상대로 잔인한 무력시위를 하고, 그걸 마치 살아 있는 권력을 수사한 것인 양, 강직 검사의 경력인 양 꾸미고 부풀려 집권을 탐하는 중입니다. 박종철 고문치사의 진실을 세상에 알림으로써 전두환의 철권통치에 타격을 가했던 우리 사제단은 고문과 조작을 일삼던 안기부의 유령이 지금은 검찰청 어느 구석에 똬리 틀고 있는 것을 봅니다. 우리 눈이 잘못됐을지도 모릅니다. 하지만 평생 사람 잡는 일에만 몰두했던 사람이 과연 사람을 살리고 사람들 구하는 데 최상의 적임자일까요?

셋째, '자꾸만 속으면 속는 사람도 잘못이다'입니다.

민주 시민이라면, 더군다나 깨어 있는 신앙인이라면, 대중 매체가 띄우는 특정인에게 마음을 주기 전에 누군가에 대해서는 그토록 저주를 퍼붓는 이유가 무엇인지 의심해 봐야 합니다. 1980년 당시 신문이란 신문마다, 방송이란 방송마다 시민 학살의 장본인을 입에 침이 마르도록 찬양했습니다. 그리고 지금은 여러모로 전두환의 닮은꼴인 후보를 힘껏 선전하는 중입니다. 이른바 강자 동맹을 위한 립서비스는 그들 평생의 업이었으므로 새삼 나무랄 것도 없고, 문제는 기 무슨 레기, 기 무슨 더기라고 하는 자들에게 부화뇌동하는 민심입니다. 한 번 속으면 속인 자가 나쁜 놈이지만, 두 번 속으면 속은 사람이 바보고 세 번 속으면 그때부터는 공범이라고 했습니다.

넷째, '뒤로 돌아가서는 안 된다'입니다.

성경은 종이었던 자들이 결국 종이 되고 말았다는 역사 이야기입니다. 이집트에서 종살이하던 자들이 용케 나라를 세웠으나, 종단에는 바빌로니아로 종살이 하러 끌려갑니다. 그런 불상사가 일어날까 봐 하나님이 신신당부했지만, 아시는 대로 이스라엘은 기어코 퇴행을 선택하였습니다. 대선의 결과에 따라 우리는 앞으로 나아가거나, 뒤로 돌아가거나 할 것입니다. 정권 교체가 답이라고 하시는 분들이 적지 않습니다. 그 심정 충분히 이해합니다. 사실 더불어민주당은 시민들이 차려놓은 밥상에 숟가락만 얹고 집권 세력이 되었기 때문에 그다지 절실함이 없었습니다. 그들로서는 촛불 흉내나 내면서 기득권을 유지하면 그만이었을 것입니다. 그런데 이런 부분을 미처 응징하지 못한 것은 촛불 시민들의 책임이기도 합니다.

아직 갈 길이 멀다는 점에서, 오늘 당장 시민들의 책무는 해방 이후 친일 세력을 포함하여 기득권 그룹이 총집결한 이 상황을 이겨 내는 것이라고 생각합니다. 이 고비만 넘기면 대한민국은 정치를 포함하여 단숨에 30년은 발전할 수 있으리라고 봅니다.

대통령의 임명으로 검찰총장이 되었으면서 대통령의 인사권에 도전하고, 나는 장관의 부하가 아니라면서 책상을 쾅쾅 내려치던 저 오만방자한 풍경을, 대통령이 공약한 정책을 법정으로 끌고 가면서 싱긋 웃던 감사원장의 얼굴을, 제아무리 여야가 합의해도 들어줄 수 없다며 절레절레 고개를 가로로 흔들던 기재부 장관의 요지부동을, 초반에는 눈치 보는 척하다가 대통령 임기가 막판에 이르자 엉터리 판결을 줄줄이 쏟아 내던 법원의 이중성을, 국민을 바보 천치로 여기지 않고서는 절대로 있을 수 없는 일이었습니다. 현실이 이런데도 적폐 청산이라는 과제를 무산시킨 자들에게 권력을 넘겨 버리고 새로운 무엇을 기대한다는 게 과연 이성적인 행동일까요?

다섯째, '세월호의 진짜 선장을 찾아야 한다'입니다.

지금 우리는 노인, 아이들 할 것 없이 모든 세대가 세월호라는 공동의 배에 올라타고 항해하는 중입니다. 2014년 4월 16일 선장에게 가장 필요했던 자질은 상황 판단 능력이었습니다. 그런데 그 배의 선장은 양심도 없었지만 결정적으로 그 판단력을 갖추지 못하였습니다. 무속 논란의 장본인이 대통령이 되어서는 안 되는 이유가 여기에 있습니다.

첫째, 스스로 판단해서 결단하고 책임질 일을 누군가에게 묻는 사람이라는 점에서, 둘째, 남에게 묻고 남의 권위에 의지했던 것도 어느 쪽이 자신에게 유리한지 알아보기 위해서였다는 점에서, 미안하지만 그는 자격 미달입니다. 여러분 원죄의 주인공 아담의 귀책사유는 운명의 진로를 스스로 정하지 못하고 뱀이 시키는 대로 고분고분 따른 점이었다는 사실을 우리 잊지 않도록 합시다.

여섯째, '뽑힐 사람을 뽑아야 한다'입니다.

당선될 사람을 밀어주자 그런 말이 아닙니다. 뽑으면 뽑힐 사람,

즉 자기를 내던져서 전체를 위한 밑거름이 되어 줄 그런 사람을 뽑아야 한다는 말입니다. 잘못 뽑아 놓으면 그가 우리를 뽑아 버릴 것입니다. 자기를 바칠, 기꺼이 뿌리 뽑혀 나갈 정도의 사람이라야 높은 산을 깎아서 골짜기를 메우는 억강부약抑强扶弱을 조금이라도 실현할 수 있습니다.

마지막으로 '밑지는 장사는 안 된다'입니다.

오늘까지 우리가 이룬 성취가 얼마나 놀라운 것인지 따져 봐야 합니다. 그래서 정확히 알아야 합니다. 어떤 분들은 우리가 가진 것이 어느 정도인지, 지킬 것이 얼마나 많은지, 키우고 키우면 얼마나 대단한 미래가 열리는지 아예 관심조차 없는 사람들처럼 행동합니다. 가졌으면 지켜야 하고 지키면서 키워 나가야 흥할 수 있고 번창할 수 있습니다. 애써 지키고 기껏 지켜서 오늘에 이르렀는데, 여기서 그만두자 이제는 가질 것도 지킬 것도 키울 것도 없다는 식으로 행동하는 것은 아이들을 위한 미래를 포기하는 미련하고 비겁한 짓입니다. 그보다는 우리가 이룬 놀라운 성과에 감사하고 원망하기보다는 서로를 격려하면서 지킬 것, 끝까지 지키고 키울 것 다 키워 냄으로써 독립과 민주주의를 위해 목숨을 바쳤던 어른들에 대한 도리를 다하는 것, 그것이 민주 시민의 책임이요, 신앙인들의 도리라고 생각합니다.

마치겠습니다. 겨울을 힘들게 보낸 이웃들에게 가장 먼저 봄의 축복이 찾아들기를 기도합니다.

4

헌법재판소 '각하' 판결에도
전혀 책임지지 않는 검찰

헌법재판소는 검찰의 수사권 및 소추권이 헌법상 권리라는 '한동훈과 6인 검사'의 주장을 하나도 받아들이지 않았다. 당연하다. 헌법재판소는 1997년, 2008년, 2019년, 2021년 등 이미 네 차례나 수사권 및 소추권은 헌법 사항이 아닌 '입법 사항'이라고 분명히 확인해 주었다. 그럼에도 '한동훈과 6인 검사'는 철 지난 권한쟁의 심판을 청구해 세금과 행정력을 낭비했다. 시중의 여론까지 분열시켜 국익에 전혀 도움이 되지 않는 소란을 일으켰다.

헌법재판소는 '각하' 결정문에서 "헌법이 수사권 및 소추권을 행정부 내의 특정 국가 기관에 독점적·배타적으로 부여한 것이 아님을 반복적으로 확인한 바 있다"고까지 강조했다. 그렇기 때문에 '한동훈 장관과 6인 검사'의 이번 소송은 정치적 목적 외에 달리 설명되지 않는다. 결과를 예측하지 못했다면 법무부 장관 자격 미달이다. 나 같은 비법조인도 충분히 예상할 수 있었는데 전문가라는 이들이 소송을 강행했다.

헌법재판소의 '각하'라는 결정에는 매우 의미 있는 내용들이 담겨 있다. 향후 국회 활동에 든든한 '뒷심'이 될 수 있는 논리들이다. 두 가지만 확인해 보자.

첫째, 헌법재판소는 영장청구권을 가진 검찰이 직접 수사권을 행사하는 데 우려를 표명했다. "직접 수사권을 행사하는 수사 기관이 자신의 수사 대상에 대한 영장 신청 여부를 스스로 결정하도록 하는 것은 객관성을 담보하기 어려운 구조라는 점도 부인하기 어렵다"라고 밝히고 있다. 내가 탈당까지 하면서 고친 개정 「검찰청법」은 수사 개시 검사가 공소를 제기할 수 없도록 한 내용을 담고 있다. 이 부분을 헌법재판소가 완곡한 어법으로 지지한 셈이다.

둘째, 헌법재판소는 검사의 영장신청권에 관한 헌법 조항의 의미를 "영장 신청 단계에서 법률 전문가인 검사를 반드시 거치도록 해 무분별한 영장 신청을 막도록 하기 위해서"라고 명시했다. 표적 수사, 괴롭히기, 범죄 '만들기' 수단으로 쓰이고 있는 오늘날 검찰의 무분별한 영장 신청을 우회적으로 비판하는 문장에 다름 아니다. 검찰의 영장신청권이 '정치 놀음'을 보장하기 위한 게 아니라 '인권 보호'를 위한 장치라는 점을 헌법재판소의 결정문은 다시 한 번 확인해 줬다.

나의 '탈당'과 관련해서도 헌법재판소는 명확하게 정리해 주었다. "민형배 의원의 탈당은 스스로의 정치적 판단에 따른 결정으로 정치적 책임의 대상이 되는 것은 별론으로 하고 (…) 국회법이나 대의민주주의에 위배된다고 볼 수 없다. (…) 헌법재판소는 이러한 국회의 자율권을 존중하여야 한다"라고 강조했다. 나는 탈당 당시부터 지금까지 "정치적 책임의 문제일 수는 있어도 위법하지는 않다"고 일관되게 주장해 왔다. 헌법재판소를 통해 거듭 내 입장을 확인할 수 있어서 마음이 한결 가벼워졌다.

헌법재판소가 인용한 것은 "법사위원장 가결 선포가 국회의원의 권한을 침해"했다는 것 하나다. 이마저도 "의회주의 이념에 입각한 국회의 기능을 형해화할 정도에 이르지 않았다"며 "국회의 형성권을 존중해 무효 확인 청구를 기각한다"라고 밝혔다. 흠결은 있으나 국회의 결정을 뒤집을 정도까지는 아니라는 것이다. 삼권 분립의 대원칙을 존중한 적절한 판단이라고 본다.

2022년 3월과 4월 잇달아 「검찰청법」과 「형사소송법」을 개정했을 때 전국의 평검사들이 한자리에 모여 밤샘 토론 시위를 했고, 검찰총장(김오수)과 대검 차장, 전국 고검장 6명까지 검찰 수뇌부 전원이 집단 사의를 표하면서 화려하게 '반발 쇼'를 벌였다. 결과는 헌법재판소의 '각하'였다. 요란했던 반발만큼 누군가는 책임을 져야 한다. 하지만 누구 한 사람도 책임지지 않았다. 책임은커녕 사과조차 하지 않았다. 그간 '검찰'의 행태로 볼 때 그러한 무책임과 몰염치가 이상할 것도 없었다.

오히려 한동훈 장관과 검찰은 또 말장난을 쳤다. 특히 법무부 장관은 청구인 자격이 없다며 각하한 헌법재판소 결정에 "재판관 9명 중 4명은 청구인 자격을 인정했다"라는 믿기 힘든 발언을 했다. 헌법재판소 결정은 '5 대 4'든 '9 대 0'이든 다수 의견이 법정 의견으로 효력을 갖는다. 본인 말대로 '일국의 법무부 장관'이 대한민국 최고재판소의 결정을 개인의 유불리에 따라 재단하고 있는 것이다.

수사권과 소추권은 검찰의 전유물이 아니라는 헌법재판소의 실질적인 답변이 나왔다. 개정 「검찰청법」·「형사소송법」 또한 유효하다고 판단해 위헌이 아니라는 점을 명확하게 밝혔다. 헌법재판소의 결정문에는, 영장 청구는 '인권 보호'의 관점에서 행사하라는 훈계까지 들어 있다. 한동훈 장관과 검찰은 헌정 질서의 혼란을 초래한 본인들의 무리한 '권한쟁의 심판 청구'에 분명하게 책임져야 했다. 하지만 책임지지 않았다. 국회가 책임을 묻고, 합당한 조치를 취해야 했으나 그러지도 못했다.

사안을 조금 길게 들여다볼 경우 헌법재판소의 기각 결정이 갖는 의미는 '검찰 정상화 시즌 3'을 추진해야 한다는 점이다. 시즌 1에서는 무제한이었던 검찰수사권을 6개로 줄였고, 시즌 2에서는 2개로 축소하면서 수사 검사와 기소 검사를 분리시켰다. 국민의 정서에 부합하면서도 지금까지 드러난 검찰의 행태까지를 감안한 시즌 3을 설계할 필요성을 느낀다. 이번 국회의 몫이라 생각하지만, 여의치 않을 경우 다음 국회에서는 꼭 추진해야 할 것이다.

당장은 한동훈 장관의 책임을 분명하게 확정해야 한다. 책임 지겠다는 태도가 전혀 보이지 않으니, 이즈음에는 탄핵이 불가 피하다. 누가 봐도 무리한 '권한쟁의 심판 청구'로 헌정 질서를 교란시켰다. 헌법재판소의 결정이 나왔는데도 무시하고 책임을 회피했다.

헌법재판소의 각하 결정 이후 또 한 차례 중대한 법원의 결 정이 나왔다. 이재명 더불어민주당 대표에 대한 구속영장 청구 기각이다. 영장 실질심사 전까지 727일 동안 세 개의 청(서울중 앙지검·수원지검·성남지청), 70여 명의 검사가 376회 압수수색과 여섯 번의 소환 조사를 벌인 결과가 구속영장 기각이다. 탄핵 사유로 충분하다.

또 하나, 「검찰청법」·「형사소송법」 개정 취지를 무력화시킨 검찰의 직접 수사 범위를 예전 수준으로 확대해 버린 윤석열 정부의 '시행령'을 법안의 취지에 맞게 되돌려야 한다. 헌법재판 소의 결정에 따라 국회가 책임지고 해야 할 '후속 조치'다. 선택 이 아니라 의무다. 검찰 권력 정상화, 대한민국을 이끌어 가는 다수 권력의 합리적 배분, 포기할 수 없는 과제다.

이 같은 문제의식들을 기초로, 2023년 10월 6일 나는 국회 본회의 5분 자유 발언을 통해 '한동훈 장관 탄핵'을 주장했다. 전문을 여기에 싣는다.

〈2023년 10월 6일 국회 5분 발언〉

존경하는 주권자 시민 여러분! 김영주 국회부의장과 선배 동료 의원 여러분!

더불어민주당 민형배입니다.

지난달 21일 우리 국회는 이재명 대표 체포 동의안을 가결했습니다. 검찰의 정치 공작과 투표 강요에 국회가 무릎을 꿇은 치욕적인 날입니다.

진즉부터 이재명 대표는 국회가 열리지 않을 때 제 발로 법원에 가 영장 심사를 받겠다고 했습니다.

비회기 때 시간 줬음에도 검찰은 영장 청구를 하지 않다가 정기 국회를 기다렸다는 듯이 체포 동의안을 보냈습니다.

이건 검찰의 국회 난입이라고밖에 볼 수 없습니다. 정치 파괴 행위입니다. 헌법상 삼권 분립 침해입니다.

그때 국회는 검찰의 난입을 막았어야 합니다. 제가 투표 거부를 주장한 이유입니다. 그런데 우리는 검찰에 문을 열어 주고 일부는 박수까지 쳐댔습니다.

같은 상황이라면 저는 이재명 대표가 아니라 국민의힘 김기현 대표 체포 동의안에도 부결 표를 던졌을 것입니다. 민주당보다도 국민의힘보다도 민주주의와 국회가 우선이기 때문입니다.

'방탄 국회'라고요? 없는 회기 억지로 만들어 누군가를 비호해야 방탄 국회라는 것 아닙니까. 국회가 검찰 뜻대로 따르지 않으면 그게 '방탄 국회'입니까? 회기 중 입법부 구성원 신변에 대한 판단은 헌법이 보장한 국회 고유 권한입니다.

검찰은 법원이 아닙니다. 법무부 장관은 판사가 아닙니다. 검찰도 장관도 범죄 유무를 판단할 권한이 없습니다. 왜 국회에 와서 피의 사실을 공표하고 국회의원을 범죄자로 낙인찍습니까. 그것도 정치 공작 수사가 뻔한데 말입니다.

게다가 한 장관은 국회 본회의장을 자신의 정치 무대로 변질시켰습니다. 무려 37분이나 발언대에 버티고 서서 난장판을 연출했습니다. 한 장관은 그렇게 자신이 검찰 독재 정권의 앞잡이임을 만천하에 고백했습니다.

그는 체포 동의안에서 법에 의한 통치, 즉 rule by law를 분명히 언급했습니다. 그러나 우리가 아는 법치는 법의 통치, 즉 rule of law입니다. 지난달 8일 제가 대정부 질문을 할 때 한덕수 총리도 분명하게 확인한 바 있습니다.

rule of law는 법이 주체입니다. 국회에서 국민의 대표가 만든 법이 통치의 주체인 것입니다.

rule by law는 통치자가 법의 주체입니다. 윤석열 정부가 법을 이용해 국회를 포함한 모두 위에 군림하겠다는 뜻입니다.

2,300년 전 중국 진시황이 법을 이용해 통치했습니다. 학자와 언론인을 생매장하고 책을 불태웠습니다.

주권자 시민의 문제 제기를 괴담, 가짜 뉴스라 하고 공산 전체주의로 매도하고 언론 탄압 전문가를 고용해 체계적으로 여론을 왜곡하는 윤석열 정부의 작태가 꼭 진시황의 통치를 닮지 않았습니까?

법을 어긴 증거가 없는데도 법을 어긴 것처럼 이미지 조작을 시도한 것은 검찰의 체포 동의안 난동이라 할 것입니다. 정말 다행스럽게도 법원이 그 난동을 제어했습니다.

이번 검찰의 국회 난동으로 분명히 밝혀진 것이 있습니다. 법을 이용해 왕조 시대처럼 하겠다는 윤석열 정부의 음흉한 속셈이 공공연하게 드러났습니다.

구속영장 청구가 기각되자 한동훈 장관은 "검찰이 알아서 할 일"이라고 남의 일처럼 말했습니다. 사고는 자신이 치고 책임은 검찰에 떠넘겼습니다. 헌재 권한쟁의 심판 청구 기각, 이재명 대표 구속영장 청구 기각, 어느 것 하나 책임지지 않는 '엉터리 법무장관'입니다.

우리가 왜 이 정부를 검찰 독재라 하겠습니까? 국회가 만든 법을 시행령으로 누더기를 만들었습니다. 전현직 검사가 정부 요직을 대거 장악했습니다. 심지어 총리 비서실장도 교육부총리 보좌관도, 금융감독원에도, 국민연금에도 검사 출신이 자리 잡았습니다.

압수수색과 소환이 난무합니다. 조작 수사 검사, 비리 검사를 승진시키고 자기 사람 챙기기에만 급급합니다. 이쯤 되면 '대한검국'

아니겠습니까. 검찰에 의한 검찰을 위한 검찰의 나라 대한검국을 국회가 더 이상 용납해서는 안 됩니다.

우리 국회에겐 이런 검찰 독재의 폭정과 폭주를 막고 민주공화국의 삼권 분립 원칙을 수호할 책임이 있습니다.

이제 검찰을 역사적 심판대에 세워야 합니다. 그 첫 단계가 바로 한동훈 장관 탄핵입니다.

더 말씀드릴 필요도 없이 그의 직무상 과오는 차고도 넘칩니다. 검찰 독재 맨 앞줄에 선 한동훈 장관을 탄핵해서 정치 공작과 국회 유린의 책임을 물읍시다.

임명권자 대통령이 사과하고 파면하는 것이 마땅하지만 그럴 일 없을 테니 이제 국회가 나서야 할 때입니다.

여야 간에 정치적 견해는 다를 수 있고, 한 정당 안에서도 차이가 있을 수 있습니다. 그렇지만 한동훈 장관 탄핵엔 반드시 뜻을 모아야 합니다.

이번에 탄핵하지 않는다면 국민의힘은 검찰 독재 부역자가 될 것이고, 더불어민주당은 방조자가 될 것입니다.

주권자 시민 앞에 당당할 수 있도록 한동훈 장관 탄핵을 강력하게 제안합니다.

경청해 주셔서 고맙습니다.

5

시행령으로 입법에 역행하는
윤석열 정부

「검찰청법」이 개정된 이후 한동훈은 두 가지 일을 동시에 추진했다. 하나는 검찰수사권 축소가 위헌이라며 헌법재판소에 본인 이름을 걸고 권한쟁의 심판을 청구한 것이다. 또 하나는 「검찰청법」 개정에 따른 법무부의 시행령 개정이다. 앞의 것은 위헌이 아니라는 선례가 있음에도 시도했다는 점에서 정치적인 쇼에 가까운 것이었다. 뒤의 것은 입법에 따른 후속 조치로서 당연히 해야 할 일이었다. 문제는 입법 취지를 정면으로 거스르는 방향으로 진행되었다는 점이다. 한동훈이 행한 두 가지 일은 법치주의·민주주의 모두를 정면으로 거스르는 것이었다. 헌재 권한쟁의 심판 문제는 앞 장에서 살펴보았다. 이번 장에서는 '시행령 개정'의 문제점을 짚어 보자.

우선 한동훈 장관의 반민주적인 행태를 지적할 필요가 있다.

국회가 개정한 「검찰청법」은 검찰의 수사 범위를 "부패·경제 범죄 등 중요 범죄"로 제한했다. 한동훈은 "… 등 중요 범죄"를 최대한 확대해 폭력 조직, 마약 유통, 보이스피싱 수사 등 경찰이 담당하고 있는 일반 형사 사건까지 포함시키는 시행령을 만들었다. 국회가 법을 제정하면 정부는 법 제정의 취지 등을 고려해 법을 집행하는 구체적인 '시행령'을 마련하여 국무회의를 통해 추인받고 이후 공포한다. 법이 우선이고 시행령이 나중이다. 위계상 시행령은 법이 위임한 범위를 넘어서서는 안 된다. 이것이 삼권 분립의 기본 원칙이다.

그런데 한동훈은 "입법부가 만든 법이 잘못됐으니 법무부가 직접 시행령으로 바로잡겠다는데 왜 비판하느냐?"[12]면서 법의 제한을 무시하고 시행령을 통해 법 개정 이전 수준으로 검찰의 수사 범위를 돌려놓았다. 심각한 문제가 아닐 수 없다. 두 가지만 짚어 보자.

첫째, 입법부가 만든 법이 '잘못되었다'는 판단의 주체는 누구인가. 그렇게 판단할 자격을 누가 한동훈에게, 혹은 윤석열 정부에게 주었다는 말인가. 행정부는 입법부가 만든 법의 잘잘못을 판단할 자격이 없다. 그것이 삼권 분립의 원리이다. 헌법 재판소가 법의 잘잘못을 따질 수 있는데 그 또한 성문화한 헌법을 기준으로 따질 뿐이다. 한동훈 장관이나 헌법재판관의 인격이 판단할 문제가 전혀 아닌 것이다. "잘못되었다"고 단정하는 한동훈의 태도는 권한과 책임, 주권자 위임의 문제를 '개인적 판단'의 영역으로 가져가 버린 것이다. 그래서 반민주주의적인 발상이다. 결과적으로 헌법재판소 판단에 따라 한동훈의 태도는 잘못된 것으로 확인되었다. 그럼에도 시행령을 그대로 고수하고 있다.

둘째, 한동훈이 "입법부가 만든 법이 잘못되었다"고 판단할 수는 있다. 행정부라고 해서 국회 입법에 대한 판단을 할 수 없는 것은 아니다. 행정부 나름의 문제의식으로 '잘못되었다'고 판단했다면, 다시 국회 입법을 통해 문제를 교정해야 한다. 한동훈 장관이 정부 입법 과정을 통해 「검찰청법」을 재개정하기 위한 노력을 하면 되는 것이다. 물론 여소야대 국회여서 한동훈의 뜻을 관철하기는 어렵다. 이 어려움은 선거를 통해 만들어진 여소야대라는 점에서 국민의 뜻이기도 하다. 국민의 뜻이 여소야대를 만들었고, 그 국민의 뜻에 따라 「검찰청법」이 개정되었다. 국민의 뜻에 따라 윤석열 정부가 만들어진 것과 같은 원리다. 본인의 판단이 옳고 그르고 간에 상위법의 문제점을 인식했다면, 그 법을 고칠 수 있는 곳은 국회이다. 그런데 한동훈은 국회를 패싱하고 시행령을 통해 법의 위임 범위를 넘어선 '검수원복'을 자행했다. 반민주적인 만행이 아닐 수 없다. 지난 과정을 요약해 본다.[13]

수사권을 검찰에서 경찰로 옮기는 '수사권 조정' 작업은 문재인 정부 때인 2018년 6월 '청와대(민정)-법무부(검찰)-행정안전부(경찰)'의 협의를 통해 그 안이 마련되었다. 입법은 더불어민주당이 주도했다. 첫 번째는 2020년 1월 「검찰청법」,「형사소송법」 개정이다. 경찰이 1차 수사종결권을 갖고, 검찰의 직접 수사는 6대 범죄(부패·경제·공직자·선거·방위 사업·대형 참사 사건)에 한정하는 게 핵심 내용이었다. 이 개정 법안은 국민의힘이 전혀 협조하지 않아 패스트트랙 안건으로 지정되어 처리되었다.

두 번째 입법은 2022년 4월, 검찰의 수사 범위를 '부패·경제범죄 등 대통령령으로 정하는 중요 범죄'로 한 단계 더 축소하는 것이었다. 개정 법률은 문재인 전 대통령 임기 만료 직전에 국무회의를 통과해 2022년 9월부터 시행될 예정이었다. 이 과정에서 나의 탈당과 국회의장의 중재안, 더불어민주당-국민의힘 합의, 국민의힘의 합의 번복 등 일련의 정치적 상황이 벌어졌다.

2022년 5월, 윤석열 대통령이 취임했다. 한 달 뒤인 6월, 한동훈 법무부 장관과 6인의 검사는 검찰수사권을 축소한 「검찰청법」 개정 자체가 무효라며 헌법재판소에 권한쟁의 심판을 청구했다. 이들은 검사의 영장 신청 권한이 헌법에 명시돼 있기 때문에 수사권도 헌법상 권한이라며, 검찰의 수사권을 축소한 「검찰청법」 등은 위헌이라고 주장했다. 그러나 헌법재판소는 개정 「검찰청법」 등은 유효하다고 결론지었다. 검찰의 수사권은 '헌법상 권한'이 아니라 '법률상 권한'이라서 국회가 입법을 통해 수사와 기소 권한을 얼마든지 조정·배분할 수 있다는 것이 헌법재판소의 판단이었다.

두 달 뒤인 8월, 법무부는 '검사의 수사 개시 범죄 범위에 관한 규정' 개정안을 입법 예고했다. 검찰이 직접 수사할 수 있는 부패·경제 범죄의 개념을 대폭 확장해 검찰 수사개시권 축소를 사실상 무력화하는 게 핵심이었다. 예컨대 공직자·선거 범죄를 '부패 범죄'로 재분류해 검찰이 직접 수사권을 유지하는 식이다. 더불어민주당은 "시행령 쿠데타" 등 날 선 발언을 쏟아내며 반발했지만, 시행령 개정안은 국무회의를 통과해 2022년 9월부터 시행됐다.

다시 한 달 뒤인 9월, 법무부는 검찰이 직접 수사에 착수할 수 있는 범죄 유형을 대폭 늘린 시행령 '검사의 수사 개시 범죄 범위에 관한 규정'을 개정한 데 이어, 9월 31일 경찰이 원칙상 전담하는 보완 수사 및 재수사를 검찰도 할 수 있도록 한 시행령 '검사와 사법경찰관의 상호 협력과 일반적 수사 준칙에 관한 규정'(수사 준칙)을 입법 예고했다. 법률의 하위 법령인 시행령으로 국회의 입법권을 형해화하는 '꼼수'를 법무부가 반복한 것이다.

헌법재판소가 「검찰청법」 등이 유효하고 검사의 권한 침해가 없다고 결정한 만큼, 법무부가 법률과 어긋나는 시행령을 재개정해야 한다는 지적이 나왔다. 그러나 한동훈 장관은 이를 일축하는 것에 더해, 경찰의 1차 수사종결권을 축소하는 수사 준칙까지 입법 예고한 것이다. 보완 수사를 경찰이 전담하도록 한 원칙을 폐지하고, 검찰과 경찰이 개별 사건의 특성에 따라

분담하도록 해 검찰의 직접 수사 범위를 또다시 넓혔다.

차진아 고려대학교 법학전문대학원 교수는 "민주당이 성급하게 법 개정을 한 것도 문제지만, 법무부가 모법 취지에 반하는 시행령을 만드는 것도 바람직하지 않다. 법무부는 민주당과 언쟁을 할 게 아니라 새 법률 개정안을 만들고 국민들에게 검찰 수사가 왜 필요한지 설득해야 한다"라고 말했다. 또, 임지봉 서강대학교 법학전문대학원 교수는 "모법 위임 범위를 벗어난 시행령을 만들어 상위법을 무력화시키는 것은 법치주의에 반한다. 여당 의원을 통하거나 직접 정부 개정안을 발의하는 게 맞다"라고 말했다.[14]

윤석열 정부는 행정안전부에 '경찰국'을 신설했다. 경찰국은 독재 정부, 권위주의 시절의 잔재다. 명분은 검경 수사권 조정으로 경찰의 독자적 권한이 비대해져 청와대-행안부 차원의 견제 및 감독이 필요하다는 것이었다. 법무부는 시행령으로 검찰의 권한을 되돌려놓았다. 행정안전부는 검찰의 권한이 줄어들고 경찰의 권한이 강해졌다는 것을 전제로 독재 시절 내무부(행정안전부 전신)의 유산을 부활시켰다.

이에 경찰 내부망은 들끓었다. 내부망의 글에는 "그들(검찰)에게 한마디 하고 싶다. '너거끼리 다 쳐드세요'", "검수완박이라는 미명하에 경찰 비대 프레임을 씌워 경찰국을 만들고는 검수완박은 언제 그랬냐는 듯 (검찰수사권) 완전 복귀는 물론 검찰권을 더 강화하고 경찰에 대한 수사 통제도 검사의 편리대로 다 뜯어고쳤다" 등의 내용이 올라왔다. '시행령이라는 싼값에 팔린 경찰'이라는 제목의 글에서 작성자는 "법무부는 시행령을 통해 검수완박법을 무력화했다. (…) 상식적이라면 검찰권력이 막강해졌으니 경찰국은 폐지돼야 한다"라고 적었다. 그러면서 "법에 문제가 있다면 법을 보완해야 하는 것이 상식"이라고 했다. 이 글에는 "군부 독재 시대의 시스템으로 돌아가 뭘어쩌려는 건지, 어떻게 더 망가뜨릴 것인지 걱정되고 답답하다"와 같은 반응이 이어졌다.[15]

검찰수사권 축소를 목표로 국회가 통과시킨 「검찰청법」·「형사소송법」 개정안을 무력화하는 시행령(대통령령)을 법무부가 또 내놓은 것을 두고 이창민 '민주사회를 위한 변호사모임' 검경개혁소위원회 위원장은 "국민은 '혼란'스럽다. 국회가 검찰수사권을 축소하겠다고 입법했는데, 법무부가 시행령으로 계속 역행하는 모양새니까 예측할 수가 없다"라고 말했다.

앞서 나는 윤석열 정부하의 대한민국을 '대한검국'이라 규정했다. 압수수색, 구속영장 청구, 헌정 질서 교란, 시행령으로 입법 역행, 독재 시절 유산 부활……. 외교, 안보, 민생 등 통상의 정부 행위는 차치하고서라도, 법 관련 행위들만 보더라도 '민국'이 아닌 '검국'의 추악한 면모들이 확인된다. 불과 1년 6개월 만에 벌어진 일들이다.

명색이 검사 출신들이랍시고 '법치'를 강조하지만, 그들의 행위는 법치와는 거리가 멀다. 법학 개론서 수준에 등장하는 두 개의 개념이 있다. 법에 의한 통치rule of law와 법을 이용한 통치 rule by law이다. 법에 의한 통치는, 통치의 주체가 법이다. 이때 법은 공동체의 합의에 따라 만들어진 법이다. 우리의 경우 국회가 만든 법이다. 법을 집행하는 '법조인'은 만들어진 법의 하위 개념이다. 그들은 법을 대리한다. 법 제정의 취지, 공동체의 필요, 공정이나 평등 같은 가치가 대리의 정신이자 기준이다.

반면, 법을 이용한 통치의 주체는 '사람'이다. 사람 일반이 아니라 통치자이다. 공동체의 필요보다는 통치자의 입맛에 맞게 법을 만들거나, 교묘히 법을 이용해 사익(금전적이든 정치적이든)을 취한다. 로마 시대에도 조선 시대에도 법은 있었다. 그 시절의 법은 통치자를 위한 것이었다. 법을 이용한 통치였다. 대한검국 윤석열 정부의 '법치'가 그런 식이다.

주석

1 이 책 제1장 '5. 대한검국으로 추락한 대한민국' 참조.

2 김도균, 「검찰 권력을 제어해야 한다」, 『민중의소리』, 2010. 4. 23.

3 경찰이 사건을 송치하기 전까지 검사의 수사 지휘를 받지 않는 등 모든 사건에 대한 1차적 수사권뿐 아니라 종결권을 경찰이 갖도록 한 점이 핵심 내용이다. 그 외 문재인 정부의 안은 다음과 같다. 검찰은 △경찰 및 고위공직자비리수사처(공수처) 검사 및 직원 비리, △부패 범죄(뇌물, 알선수재, 배임수증재, 정치자금, 국고 손실, 직권 남용, 범죄 수익 은닉 등), △경제 범죄(사기, 횡령, 배임, 조세 등 기업·경제 비리), △금융·증권 범죄(사기적 부정거래, 시세 조종, 미공개 정보 이용 등), △선거 범죄, △방산 비리, △사법 방해(위증, 증거 인멸, 무고 등) 사건 등에만 직접 수사가 가능하며, 이에 해당하지 않는 고소·고발·진정이 검찰에 접수되면 경찰로 보내도록 했다. 다만 검사와 경찰이 동일 사건을 수사하는 경우에는 원칙적으로 검찰에 우선권이 주어지도록 했고, 경찰이 영장 신청을 한 범죄사실에 대해선 경찰이 우선권을 갖도록 했다. 아울러 검찰이 사건을 송치받은 후 경찰 수사가 미흡하다고 판단되면 경찰에 보완 수사를 요구할 수 있으며, 보완 수사 불응 시 징계 요구권 등을 행사할 수 있도록 했다. 한편, 정부 안은 헌법(제12조 3항)에 규정된 검찰의 영장청구권은 일단 유지시켰으나, 경찰이 신청한 영장을 검찰이 정당한 이유 없이 청구하지 않으면 고등검찰청 산하 영장심의위원회(가칭)에 이의를 제기할 수 있도록 해 견제 장치를 마련했다. 영장심의위원회는 검찰이나 경찰 중 한쪽에 치우치지 않도록 중립적 외부 인사로 구성하도록 했다.

4 국회 사법개혁특별위원회(사개특위)가 2019년 4월 29일 검경 수사권 조정을 위한 「형사소송법」·「검찰청법」 개정안을 신속 처리 안건(패스트트랙)으로 지정했다. 패스트트랙으로 지정된 검경 수사권 조정안의 핵심은 검찰의 경찰에 대한 수사지휘권을 없애고, 경찰이 독자적으로 수사하거나 수사를 끝낼 권한(수사종결권)을 갖도록 하는 내용이다. 해당 개정안에는 '검찰의 직접 수사 범위를 대통령령으로 정하는 부패·경제·공직자·선거·방위 사업 범죄로 좁히고 자치경찰을 제외한 특별사법경찰관에 대해서만 수사지휘권을 유지한다'는 내용이 명시됐다. 검사 작성 피의자 신문 조서의 증거 능력에 대해선 제한하는 것으로 변경하되 법원 등의 의견을 수렴하는 과정을 거쳐 보완책을 마련한다는 내용도 포함됐다. 현재 경찰 작성 신문 조서는 피고인이 법정에서 부인하면 증

거로 쓸 수 없지만, 검사가 작성한 피의자 신문 조서는 피고인이 법정에서 그 내용을 부
인하더라도 증거 능력을 인정하고 있다.

5 헌재 1997. 7. 16. 1996헌라2.

6 이황희, 「2022헌라4 사건에 관한 의견서」, p. 6.

7 헌재 2021. 1. 28. 2020헌마264.

8 이효원, 「검사의 공익적 기능」, 『형사법의 신동향』, 35호, 2012, p. 93.

9 정종섭, 『헌법소송법』, 박영사, 2019, p. 544.; 김하열, 『헌법소송법』, 박영사, 2021, p. 602.

10 헌재 1997. 8. 21. 1994헌바2.

11 헌재 2021. 1. 28. 2020헌마264.

12 손현수·강재구, 「선거로 선출된 국회는 패스, 직접 법령 수정하겠다는 한동훈」, 『한겨레』, 2022. 8. 16.

13 「[사설] 또 '시행령 꼼수'로 검찰수사권 확대하려는 법무부」, 『한겨레』, 2023. 8. 1. 이 사설을 기초로 일부 내용을 첨삭해 그간의 과정을 요약했다.

14 손현수·강재구, 「선거로 선출된 국회는 패스, 직접 법령 수정하겠다는 한동훈」, 『한겨레』, 2022. 8. 16.

15 박하얀, 「"이럴거면 경찰국은 왜 신설했나" … 한동훈 '검수원복' 시행령에 들끓는 경찰」, 『경향신문』, 2022. 8. 17.

제3장

의견

1

검찰 정상화에 대한 판단이 없는
강준만 교수

강준만 교수가 몇 차례에 걸쳐 언론 지면에 나의 탈당에 대한 비판적 입장을 내놓았다.[1] 그중 『신동아』(2022. 8. 17) 기고문이 나의 정치적 행보를 넓게 조망한 바탕 위에서 탈당을 비판하고 있다. 그래서 『신동아』 기고문의 내용과 주장을 중심으로 나의 입장을 말하고자 한다. 독자들이 강 교수의 글을 읽었다고 전제하고, 꼭 필요한 경우가 아니면 인용을 하지 않고 내 주장을 전개한다.

우선 나는 강 교수의 목소리를 있는 그대로 듣고 싶다. 어느 때부터인가 강 교수의 글은 큰따옴표가 너무 많다. 『신동아』 기고문도 마찬가지다. 타인의 입을 빌려 자신의 이야기를 하는 방식이고, 나쁠 것은 없으나 강 교수가 갖고 있는 목소리의 크기를 생각하면 '큰따옴표 주장'은 많이 아쉽다. 강 교수만의 고유한 의견을 듣고 싶은 것이다. 남의 입을 빌린 큰따옴표 주장은 그 강도와 예리함, 그리고 책임감에서 한 단계 격하될 수밖에 없다. 또한 큰따옴표 속 말을 한 당사자의 신뢰도 문제까지 겹쳐 그 주장은 한 번 더 무게감이 조정된다.

『신동아』 기고문에서 나의 탈당을 비판하는 맥락으로 동원된 분들은 이상민·조응천·강병원·박용진(이상 더불어민주당 의원), 조정훈(시대전환 의원, 국민의힘 합류 예정), 박지현 전 더불어민주당 비대위원장 등이다. 이분들은 일관되게 검찰 정상화에 미온적인 입장을 가진 분들이었다. 또한 수차례 '비非이재명' 입장을 내놓았다. 이분들의 입장을 문제 삼고자 하는 말은 아니다. 강 교수는 이분들의 입장을 넉넉하게 배치하면서 나를 비판했다. 반면에 나를 옹호했던 장경태·유정주 더불어민주당 의원의 말은 짧게 인용했다. 그나마 그 옹호 발언 인용은 박지현 전 비대위원장의 비판적 발언으로 연결하는 징검다리 용도였다. 이런 방식으로 전개하는 비판적 시각을 받아들이기는 어렵다. 강 교수의 '진짜' 목소리가 무언지 모르겠고, 한쪽의 주장을 모아 놓은 성격이기 때문이다. 나의 탈당을 옹호하는 말들을 '모으는 것'은 나로서도 전혀 어려운 일은 아니다.

한 가지 주목할 만한 인용은 "광주에서 초중고교를 나온 철학자 최진석은 5월 27일 '중앙일보' 칼럼에서 민형배의 위장 탈당에 대해 이렇게 개탄했다'라는 대목이다. 강 교수는 "광주에서 초중고를 나온"이라는 설명 글을 붙여 최진석을 광주와 등치시키려 하고 있다. 패착이다. 최진석은 광주에서 그다지 환영받는 인사가 아니다. 이렇게 단언할 수 있는 이유는 '5·18 왜곡처벌법' 관련 그의 글과 발언이 광주에 많은 상처를 주었기 때문이다. 우선 『동아일보』 기사 한 부분을 인용한다.

최근 그는(최진석) SNS에 '나는 5·18을 왜곡한다'라는 제목의 시를 게재했다는 이유로 논란의 중심에 선 바 있다. 해당 시는 "지금 나는 5·18을 저주하고, 5·18을 모욕한다"로 시작한다.

이 시가 더욱 논란이 된 이유는 최 교수가 과거 여러 기고와 인터뷰 등을 통해 5·18의 가치를 높게 평가해 왔기 때문이다. 그런 그가 이 시를 쓴 이유에 대해 "5·18을 훼손하지 말자는 시"라며 "5·18을 '역사왜곡처벌 특별법'에 가두는 일이 5·18 정신을 제한하는 결과를 가져온다고 본다"고 지적했다.

그러면서 "역사적 사실을 정부가 '특별법'으로 묶어 처벌하는 예는 문명국가에서 거의 없다. 역사적 사실을 특별법으로 묶기 시작하면 '역사'를 가진 세계가 거의 모두 법으로 묶일 것이다. 그러면 민주와 자유는 숨이 막힌다"고 비판했다.[2]

최 교수의 주장이나 논리를 세세하게 비판하지는 않겠다. 다만 최 교수는 중요한 점을 간과했다. 『동아일보』가 인용한 최 교수의 말과 같은 입장을 광주의 시민 사회, 학계 등에서도 가졌었다. 광주 또한 오랜 기간 동안 5·18을 '법으로' 가두려 하지 않았다. 법으로 보호하려는 유혹을 오래전부터 뿌리쳐 왔다. 말의 자유, 입장의 다양성이 민주주의라는 점을 너무도 잘 알았기 때문이다. 그런데, 그러자, 북한군 개입설이 활개를 치기 시작했고, 시민군은 구체적으로 북한에서 파견한 특수부대가 되기도 하는 등 온갖 폄훼와 사실 왜곡이 발생했다. 5·18은 앞으로 나아가지 못하고 오히려 후퇴했다. 사실 왜곡을 방어하는 데 너무나 많은 역량이 소모됐다. 왜곡은 국회에까지 번졌다. 광주의 아이들조차 유튜브 등을 보고서 "5·18 때 북한군이 왔나요?"라고 부모에게 물었다. 북한군이 왔다는 증거도 없고 명백한 허위 사실인데, 광주시민들은 '오지 않았다'는 걸 증명해야만 하는 처지까지 몰렸다.

이 같은 현실의 '악다구니'를 접하고, 견디고, 싸우는 와중에 최후의 수단으로 나온 것이 '5·18 왜곡 처벌법'이다. 이 법은 사실의 왜곡을 문제 삼을 뿐이다. 의견의 다양성을 문제 삼는 문구는 어디에도 없다. 사실의 왜곡이라 하더라도, 그것을 당사자가 증명하면 되는 문제다. 최 교수는 사실과 의견을 구분하지도 않은 채 말했고, 그동안 5·18이 당한 왜곡, 광주시민들이 당한 모욕을 고려하지 않았다. 기껏해야 '개론' 수준의 민주주의론으로 '5·18 왜곡 처벌법'의 추진 과정, 취지 등을 비난했다. 이 법이 공포된 이후 왜곡을 일삼던 유튜브의 영상들이 한꺼번에 사라졌다. 참으로 야무지게 '북한군 개입설'을 주장하던 인사들도 얌전하게 입을 다물고 있다. 그들의 목적이 '역사적 진실' 추구가 아니라는 증거다.

또한 최 교수는 5·18을 "저주"하고 "폄훼"하고 "왜곡"한다고 시를 써 SNS에 발표했다. 사실과는 상관없는 그 자신의 의견이다. 누구도 최 교수를 고발하지 않았다. 이른바 '의견'은 5·18 왜곡 처벌법의 대상이 아니기 때문이다. '민주주의 개론' 정도의 인식이 부족해서 광주시민들이 법 개정을 압박했던 것이 아니라는 거다. 결국 법 제정을 전후한 최 교수의 글과 발언으로 최 교수는 5·18에도 광주에도 존재감을 갖는 학자가 아니게 되었다. 그가 무슨 말을 하든 '광주 출신'이라는 수식어가 붙을 것인데, 그것으로 광주를 대표할 수는 없다는 이야기다. 하지만 저간의 사정, 광주의 여론을 모른다면 강 교수의 인용 방식은 나름대로 힘을 발휘할 것이다. '광주 출신' 학자도 민형배의 탈당을 비판하는구나라는 생각이 '광주도' 민형배 탈당을 비판하는구나라는 연상 작용으로 이어질 것이다. 적절치 않다.

광주에서는 검찰청법·형사소송법 개정안 찬성 여론이 압도적으로 높았다. 2022년 5월 6일 한국갤럽이 발표한 검수완박 법안 중 하나인 검찰청법 개정안의 국회 통과에 대하여 3~4일 양일간 전국 만18세 이상 1000명을 대상으로 실시한 여론조사 결과 47%가 '잘못된 일', 36%가 '잘된 일'이라고 응답했고, 17%는 의견을 유보했다.

서울에서는 '잘못된 일' 51%, '잘된 일' 35%, 경기·인천에서는 '잘못된 일' 49%, '잘된 일' 33% 등 부정적인 평가가 높았다. 충청권에서는 '잘된 일' 39%, '잘못된 일' 38%로 비슷했다. 호남에서는 '잘된 일'이라는 응답이 62%로 크게 높았고, '잘못된 일'은 26%였다.

나의 정치적 근거지는 광주이고, 내게는 광주시민의 의견이 중요하다. 오래전부터 광주시민의 의견대로 민주당이 가야 한다는 말을 여러 차례 했다. 내 주장이 꼭 옳다고 주장하지는 않겠다. 적어도 나는 그렇게 생각하고 정치를 한다는 것이다. 민주당의 현실은, 선거할 때는 광주가 기준이 되고 선거가 끝나면 서울 등 경합지 기준(여론조사 의식)으로 정치를 한다. 그래서 늘 머뭇거리고, 주저하고, '역풍'을 걱정한다. 그 대표적인 사례 중 하나가 '검찰 정상화'에 더불어민주당 일부 의원들이 보여 준 태도다. 그럼에도 위에 강 교수가 인용한 이상민·조응천·강병원·박용진 의원 모두 「검찰청법」,「형사소송법」 개정안에 찬성표를 던졌다. 시대전환의 조정훈 의원만 반대표를 행사

했다. 나의 행위가 잘못됐다고 거세게 비판하면서도 국회 본회의에서 법안에 '찬성'표를 행사한 의원들의 행위를 어떻게 평가해야 할까. "내 행위가 절차적 정당성에 흠결을 내긴 했지만 의회의 형성권을 형해화할 정도까지는 아니다"라는 헌법재판소 판결문으로 평가를 대신하고자 한다. 위 의원들도 그렇게 여기고 기표했을 거라 믿는다.

말이 나왔으니 조정훈 의원의 발언도 살펴보자. 강 교수가 인용한 조 의원의 발언은 "목적을 위해서는 어떤 수단도 가능하다는 (태도를) 초등학생들한테 설명 가능할까. 민주주의(국가)를 태어나면서부터 살게 된 분은 받아들일 수 없다"이다. 솔직히 어처구니가 없다. 조정훈 의원은 이른바 민주당의 '위성 정당'으로 비례대표에 당선된 분이다. 시대전환이라는 정당을 창당하고 나서 '더불어시민당'으로 들어와 당선되고 난 다음 시대전환으로 다시 돌아갔다. 그가 법률 개정안을 반대할 수는 있지만 그 근거가 자기 분열적이다. 위성 정당 소속으로 당선됐다가 다시 시대전환으로 돌아가는 것은 "목적을 위해선 어떤 수단도 가능하다는 태도"가 아니면 무어란 말인가. 위성 정당에서 당선되어 시대전환으로 돌아가는 걸 비판한다고 오독하지 말기 바란다. 그런 이력을 가진 분이 나의 탈당을 문제 삼는 논거가 모순된다는 지적을 할 뿐이다. 목적과 수단, 절차적 정당성 등은 제도로서 민주주의의 오랜 고심거리였고, 수없이 경계를 넘나들었다. 나의 탈당에 대한 비판도 이유가 있고, 옹호도 근거가 분명하다. 단, 검찰 정상화라는 과제와 저울질을 해야만 한다. 그 저울질이 없는 비판, 옹호야말로 진영 논리가 될 것이다. 결국 그는 국민의힘으로 갈 예정이었고, 결국 갔다.

그러고 보면 강 교수의 글 어디에도 '검찰 정상화'에 대한 판단이 없다. 검찰 정상화에 찬성하든 반대하든, 그것에 견주어 전개한 논리가 없다. 다수 인사들의 말을 선택적으로 인용해 나의 탈당 행위를 비판하고 있을 뿐이다. 모양이 좋지 않은 '위장 탈당'과 민주 개혁 진영의 오랜 숙원이었던 '검찰 정상화', 이 둘의 가치를 저울질하여 판단하지 않는 논리를 나는 진지하게 검토할 필요를 느끼지 못한다. 따라서 강 교수의 『신동아』 기고문도 내게는 그다지 '아프게' 다가오지 않는다. 국회의원이 현실에 영향을 줄 수 있는 가장 강력한 권한 행사는 본회의 투표다. 법안이 세상 밖으로 나오느냐 마느냐를 결정하기 때문이다. 법안을 본회의에 상정하기 위한 과정상의 행위가 탈당이었다면, 법안을 세상에 나오게 하는 최종심급은 본회의 투표였다. 탈당은 얼마든지 비판할 수 있다. 그렇다면, 탈당의 결과로 만들어진 법안에 대한 판단은 굳이 하지 않아도 되는 것인가? 거듭 강조하거니와 '탈당' 대 '검찰 정상화법' 둘을 가지고 저울질하지 않는 비판은 정당한 비판의 요건을 갖추지 못했다고 본다.

좀 더 적나라하게 이야기하자면, 나는 강준만 교수가 '검찰 정상화법'에 대한 판단의 속내를 감추고 있다고 본다. 검찰 정상화법이 싫은 이들은 '탈당'을 문제 삼고, 검찰 정상화법이 필요하다 여기는 사람들은 탈당을 옹호했다. 후자가 이른바 '더불어민주당 강경파' 혹은 '개딸'들의 태도다. 옳고 그름을 떠나 나는 이들의 태도가 정직하다고 생각한다. '검찰 정상화를 위해서는 탈당이 불가피했다'는 진술 안에는 검찰 정상화 대 탈당에 대한 가치의 저울질이 들어 있기 때문이다. 전자는 탈당만 문제 삼고 검찰 정상화에 대한 판단을 말하지 않는다. 국민의힘, 보수 언론, 강준만, 최진석 같은 분들이 전자에 속한다. 이들의 주장은 탈당의 맞은편에 민주주의를 세운다. 탈당이 민주주의의 가치를 훼손했다는 것이다. 그렇다 치자. 그러면서도 국회의장 중재안으로 탄생한 여야 합의를 국민의힘이 일방적으로 파기한 것에 대해서는 함구한다. 매우 편리한 선택적 비판이다. 그래서 나는 이 비판을 받아들일 수가 없다. 비판이 지녀야 할 최소한의 요건을 갖추지 못했기 때문이다.

강 교수의 비판 중에 내가 수용할 수 있는 것은 이른바 '위장 탈당' 공격에 대한 나의 반응이다. 사실 나는 위장 탈당 비판에 대해 신경질적으로 반응했다. 당시 국면에서 나는, 나의 탈당, 국민의힘 합의 파기, 검찰 정상화, 이 세 가지 의제들이 종횡으로 부딪히면서 논의가 전개될 것으로 예측했다. 민형배 탈당이 국민의힘 합의 파기 및 검찰 정상화, 두 의제를 덮었다. 민형배 탈당을 조금 길게 표현하자면 '검찰 정상화를 위한 (위장)탈당'이 될 것인데, 검찰 정상화 논의는 온데간데없고 '위장 탈당'만 문제 삼은 것이다. '위장 탈당'을 문제 삼으려면 적어도 국민의힘 합의 파기도 함께 거론되어야 한다고 생각했는데 이도 아니었다. 그래서 나는 논의의 틀이 잘못됐다고 생각했고, 나에 대한 공격이 부당하다고 여겼다. 힘들었고 예민해졌다. 그 부당성을 방어하는 과정에서 다소 1차원적인 발언이 나오기도 했다. 강 교수가 인용한 아래의 발언이 그렇다. "제가 뭘 위장 탈당을 했습니까. 뭘 위장했습니까. 탈당 안 해 놓고 탈당했다고 했습니까. 저는 지금 민주당 소속이 아니에요. 탈당했잖아요. 그런데 위장 탈당이라고 해요? 여기가 무슨 언론사 데스크인 줄 아십니까? 어디다 복당 약속을 했다는 말이에요? 봤어요? 확인했어요?" 국민의힘 의원의 공격에 대한 반응이었다.

탈당이라는 행정 절차를 분명하게 매듭지었으므로 '위장 탈당'이 아니라는 나의 반론은 사실 무의미한 것이었다. '위장 탈당'이라는 말은 정치적 의미였기 때문이다. 정치적 의미에서 '위장'은 맞다. 다만, 정치적 의미이기 때문에 어떤 목적으로 '위장'을 했는지까지 함께 논의되어야 하는데 당시의 논쟁 지형은 그렇지 않았다. 강 교수의 지적대로 '위장 탈당'을 흔쾌히 인정하고 '목적'의 정당성을 강조하는 방향으로 논의를 이끌어 갔어야 했다. 그런데 나는 '위장 탈당'이라는 말에서 허우적거렸다. 인정한다. 요약하자면, 여전히 나는 '위장 탈당'을 과로 여기지 않는다. 그것은 나의 정치적 목적을 달성하기 위한 선택이었다. 내가 실기했던 것은 '위장 탈당' 프레임 공격을 '목적의 정당성 여부'로 치환시키지 못한 것이다. 검찰 정상화 목적에 강 교수가 동조하는지는 모르겠지만, "이상한 일이었다. 그 정도면 자신의 '위장 탈당'을 흔쾌히 인정하면 될 일인데, 그는 한사코 그걸 거부했으니 말이다"라는 지적은 받아들인다. '위장 탈당' 논란이 한창인 5월 1일의 페이스북 포스팅에 아래와 같이 썼다. 강 교수도 인용했다. 채널A의 보도를 비판한 것인데, 탈당 관련 내용만 추리면 이렇다.

내 정체성은 변한 적이 없다. 검찰 권력 정상화, 민주당 DNA이다. 이 두 가지 정체성을 실현하기 위해 민주당을 탈당했다. (…) 나는 검찰 권력 정상화에 비상한 수단을 썼다. 그것을 '편법', '꼼수'라고 비난한다면 감수하겠다. 같은 상황이 온다 하더라도 나는 주저 없이 '비상한 수단'을 쓸 것이다. 내가 감수해야 할 비난보다 검찰 권력 정상화로 얻을 공익이 훨씬, 훨씬 더 크다고 보기 때문이다.

탈당을 했으니, 이제는 복당이 문제가 되었다. 현재 나는 이미 복당한 상태다. 자세한 논의는 생략한다. 다만, 민주당 내부에서도 여전히 나의 탈/복당에 비판적인 의견을 내는 분들이 많아 의견을 말하지 않을 수 없다. 지난해 당대표 선거에서 탈/복당이 이슈로 떠올랐고, 주로 이재명 대표를 공격하는 무기로 작용했다. 그 즈음, 7월 1일 이런 페이스북 포스팅을 올렸다. 이 또한 강 교수가 부분적으로 인용한 것이니만큼 독자들의 판단을 위해 전재한다.

〈당 복귀 결정은 민주당 지도부 몫입니다!〉

민주당 전당대회를 앞두고 제 복당 여부를 이슈화하려는 시도가 있습니다. 일부 정치 언론이 부추깁니다. 동조하는 건 허망하고 부질없는 짓입니다.

이곳에서 분명히 밝힙니다. 저의 거취는 민주당 지도부 몫입니다. 들어오라면 복귀하고 기다리라면 그리해야 합니다. 제 의지대로 할 수 있는 일이 아닙니다. 전당대회 과정에서는 거론하지 않았으면 좋겠습니다. 특히 악용하려는 시도가 있다면 그건 반칙이고 배신입니다.

지금 민주당에 중요한 건 8.28 전대를 통해 일 잘하는 지도부를 세우는 것입니다. 저의 거취 문제가 전당대회에 불필요한 잡음을 불러일으키는 것은 제가 바라는 바가 아닙니다.

다만, 한 가지는 분명하게 말씀드리고자 합니다. 저의 탈당을 압박 수단으로 삼아 국회의장 주도 여야 합의안이 나왔고 지난 4월

30일 검찰청법과 형사소송법 일부개정법률안이 본회의를 통과했습니다.

투표에 참가한 177명 중 찬성 172명, 반대 3명, 기권 2명으로 가결했습니다. 모든 민주당 의원이 찬성한 법안입니다.

저의 탈당/복당에 대해 무어라 말씀하시든, 민주당 의원이라면 이 법안을 스스로 부정하지 말기 바랍니다. 복당 반대가 표가 될 것이라는 오판도 함께 거둬 주시면 좋겠습니다.

복당을 반대하는 의원님도 복당을 주장하는 의원님도 당을 위한 충정에서 하신 말씀으로 받아들입니다. 고맙습니다.

요지는, 탈당은 개인적인 판단이었다 할지라도 법안 통과는 '당론'이었다는 점이다. 탈당을 하지 않았다면 법안이 본회의에 상정되지도 않았을 것이므로 탈당과 본회의 통과는 하나의 흐름으로 연결된 것이었다. 둘을 분리해서 '탈당'만 문제 삼는 것은 부당하다. 국민의힘이야 그렇다 치더라도, 더불어민주당 의원들까지 그러는 것은, 내 눈에는 자기 분열이거나 이재명 공격을 위한 목적으로밖에 보이지 않았다. 사과, 해명, 방어, 공격과 같은 1차적인 책임은 내 몫이더라도 2차적인 책임, 즉 탈당-본회의 통과에 따른 검찰 정상화법의 공익적 가치를 보호하는 것은 더불어민주당의 몫이라 생각한다. 그런데 탈당을 비판하면서 '보호'에는 뒷전이 되고 말았다. 더불어민주당 일부

의원들이 큰 목소리로 뒷전이다 보니 한동훈 장관이 시행령으로 입법 취지를 난도질해도 그것을 문제 삼는 여론이 형성되지 않았다. 더불어민주당 지도부 차원에서 시행령을 바로잡으려는 시도는 있었지만 동력이 약할 수밖에 없었다.

강 교수의 비판에 대한 반론 맥락에서 이런 이야기가 무의미하게 들릴 수도 있다. 오직 '탈당'만을 문제 삼을 때 생겨나는 정치적 후폭풍이 이렇다는 걸 말하고 싶은 것이다. 탈당-검찰 정상화는 짝으로 움직인다. 탈당만을 문제 삼으면 검찰 정상화는 요원해진다. 지금 그러고 있다. 강 교수의 본심이 검찰 정상화법을 무력화시키는 것이었다면 성공한 셈이다. 탈당을 하지 않고 정공법으로 가야 했었다는 주장도 가능하다. 정공법으로 간 것이 국회의장 중재안 합의였다. 그러니까 탈당-검찰 정상화법-국민의힘 합의 파기는 세트로 논의되어야 온당하다. 여하튼 우여곡절 끝에 법안은 통과되었고, 다시 법안은 누더기가 되어 있다. 안타깝고 공분을 살 만한 일이다. 그럼에도 중요한 것은 '검찰 정상화'가 여전히 의제로 남아 있다는 사실이다. 나의 탈당이 '의제로 남기는' 정도의 기여는 했다고 생각한다. 아쉽지만 검찰 정상화 의제가 여전히 살아 있으므로, 여기서부터 다시 출발하고자 한다. 마지막으로 강 교수가 제시하고 비판한 아이템 몇 가지만 간단하게 입장을 밝히며 마무리 짓고자 한다.

강 교수는 내가 광산구청장일 때는 "자치가 진보다"라는 말로 대표되는 '지역 및 지역 정치'의 중요성을 강조하다 국회의원이 되고 나서는 '중앙 정치'만 한다고 비판했다. "광주가 정권교체의 도구로 착취당해 온 것에 대해 분노해 온 사람"인 민형배의 "권력관과 정치 철학은 위장 탈당과는 거리가 멀다"는 것이 강 교수 비판의 요체다. 강 교수는 직접적으로 이렇게 썼다.

나는 위장 탈당으로 대변되는 그의 최근 정치 활동은 "자치가 진보"라는 자신의 대원칙에서 크게 이탈한 것임을 지적하지 않을 수 없다. "자치가 진보"라는 건 기초자치단체장 시절에나 할 수 있는 말이고, 금배지를 달고 나면 자치는 잊어야 하는가?

나는 거꾸로 묻고 싶다. 구청장 때 자치를 외쳤던 민형배가 금배지를 달고 나서도 자치를 외쳐야만 '자치를 잊지 않은 것'이 되는지. 나는 국회의원으로서 할 수 있는, 국회의원이기 때문에 할 수 있는 자치의 길을 찾으려 했고, 그중 하나가 검찰 정상화이다. '위장 탈당'의 본질은 검찰 정상화다. 검찰 정상화는 더불어민주당의 당론이었고, 이 당론은 광주시민의 여망에 위배되지 않는다. 검찰 정상화가 큰 담론인 건 맞지만, 그렇다고 해서 자치 담론과 대립하지는 않는다. 검찰 정상화가 이뤄진다고 가정하면 자치는 분명히 더 활발해질 수 있다. 아니, '수 있다'가 아니라 활발해진다. 나는 국회의원이 되기 이전, 구청장일 때부터 검찰 정상화를 주장했다. 그 방법 중 하나로 '검사장 직선제'를 제시했다. 먼 일일 수 있지만, 하나의 선언적 예시로서 그렇게 주장해서 지역 신문 칼럼으로도 발표했다.[3] 이 꼭지 맨 뒤에 전문을 실었다. 그중 한 대목은 이렇다.

> 검사장 직선제가 만들어 내는 가장 의미 있는 대목은 선출 과정에서 검찰 권력이 어떻게 사용돼야 하는가를 놓고 공론의 장이 형성된다는 점이다. 주권자의 요구에 반응하고 시대정신과 조응하려는 검찰 조직의 탄생을 기대할 수 있다. 또한 해당 지역의 구체적인 과제에 대응할 수 있어 자치·분권 강화에도 기여한다.

국회의원이 되고 난 후에는 2021년 초반, 전국 18곳 지방검찰청 검사장을 주민들이 직접 선출하는 내용의 '검찰청법 일부 개정 법률안'을 발의하기도 했다. 이 개정안에는 수사/기소 분리 내용도 담았다.[4] 강 교수는 또 "민형배에게 '자치가 진보'라는 대원칙이 여전히 유효하다면, 이제는 자치를 신봉하는 지역 정당에 눈을 돌려야 할 때가 아닌가? 서울에 중앙당을 두고 5개 이상의 시·도당을 설치해야 정당 등록을 받아 주는 기존 정당법을 바꾸는 데에 민형배가 앞장서야 하지 않겠는가?"라고 주문했다. 서두르지 못한 점 인정한다. 그렇게 하겠다고 답변하는 것으로 갈음하겠다.

강 교수는 "이런 응원에 고무된 민형배는 4월 26일 검수완박법 안건조정위원회 무소속 위원으로 참석해 8분 만에 찬성 의결을 통과시켜 안건조정위를 무력화하는 데 결정적 기여를 했다"라고 말했다. 여기서 '이런 응원'은 탈당 이후 후원금을 보내 주는 등 지지자들의 행동을 말한다. 응원은 고맙고, 굳이 말하자면 고무된 것도 사실이다. 하지만 응원을 전제하고, 혹은 응원에 힘입어 검찰 정상화 입법을 추진한 건 아니었다. 강 교수도 확인시켜 주었다시피, 나는 현역 의원으로서 가장 먼저 '대통령 후보 이재명'을 선택했다. 지지율이 그다지 높지 않을 때였다. 나는 나의 판단과 소신으로 검찰 정상화법 과정에 참여했다. 응원이 큰 선물인 건 맞지만, 거기에 고무되거나 흥분해서 이후 과정을 수행한 건 아니었다. 그런 뉘앙스로 읽힐 수 있기에 여기에 이렇게 내 입장을 남긴다.

강 교수는 또 이렇게 말했다.

그(민형배)는 '자치가 진보다'에서 "나는 고난받지 않은, 소심한, 소극적인 운동권이었다"며 자신에게 그런 '운동권 콤플렉스'가 있다고 고백했다. 그는 "어두운 시절에 진 빚을 조금이라도 갚고 싶었다"며 이 콤플렉스를 동력으로 삼아 정치를 하고 있다고 했다. 그렇다면 민형배의 위장 탈당은 유정주의 말마따나 "검찰

개혁이라는 소명을 다하기 위한 살신성인殺身成仁"이었는지도 모르 겠다. 아니 나는 그렇게 믿고 싶다.

'위장 탈당'을 비판하기 위한 서두 성격의 발언인데, 따로 떼 어 이 발언만으로도 독립성이 있다. 죽을 일까지도 아니니, 살 신성인이라는 말은 과하게 받아들인다. 다만, 내게는 강 교수 글 전체 중 '위장 탈당'과 검찰 개혁이 간접적으로나마 연계되 는 유일한 문단이라는 점이 중요하다. 나의 '위장 탈당'은 검찰 개혁이라는 소명을 다하기 위한 정치적 기획이자 행동이었다. 운동권 콤플렉스 중 하나는 '고난받지 않은'도 있지만 '과감하 게 먼저 행동하지 못한'도 있다. 그러지 않고자 과감하게 행동 했다. 나는 강 교수에게 "그렇게 믿어 주시라"고 부탁드린다.

강 교수의 깊은 관심에 진심으로 감사드린다. 구청장 시절 에 낸 책을 통해 나의 정치 철학에 응원을 보내 준 점도 영광 의 마음으로 받아들인다. 이처럼 눈 밝은 분들이 있어서 일탈 을 하려야 할 수가 없다. 강 교수는 '위장 탈당'을 일탈로 보았 고, 구청장 시절의 자치 철학에 위배되는 것으로 판단했다. 나 는 더 깔끔하고 단정하면 좋았겠으나 '어쩔 수 없었다'고 변명 했다. 여전히 나는 탈당의 흠결보다 검찰 정상화의 공익적 기 능이 더 중요하다고 믿는다. 또한 나는 탈당과 자치가 대립하지 않는다고 주장했다. 지역 자치를 위한 직접적이고 분명한 정치 활동을 하지 못한 점은 나의 부족함으로 인정한다. 진부한 말이지만, 좋은 정치로 보답하겠다는 약속을 강 교수께 드린다.

[민형배의 정치상상] 주권자 눈치 보는 검찰을 위하여!

한국의 검찰은 전 세계에서 가장 많은 권력을 가진 기관으로 알려져 있다. 상대적으로 생산성은 아주 낮다. 갖고 있는 권력과 수단에 비해 부패 척결이나 정의 실현과 같은 목적 달성의 수준이 기대에 영 못 미친다는 얘기다.

대통령이 검찰총장을 임명하고 검찰총장이 전체 검찰 조직을 장악하는 전국 단일의 피라미드형 검찰 제도를 가진 나라는 한국밖에 없다. 그 결과 한국의 검찰은 자주 집권 세력의 도구로 전락했다는 혹평을 받곤 한다. 김기춘과 우병우가 가장 생생한 증거이다. 간혹 양식 있는 검사가 본연의 역할에 충실하려 하면 곧바로 보복이 뒤따른다. 채동욱 전 검찰총장이나 윤석열 검사가 분명한 사례이다.

결과적으로 한국의 검찰은 힘 있고 돈 많은 이들에게는 친절하고 보통의 국민들에게는 무섭게 구는 억압 기구로 비쳐진다. 엄정한 중립성을 기반으로 현실 권력의 눈치를 보지 않는 검찰, 무엇보다도 국민의 요구에 적극적으로 반응하는 '검찰의 탄생'은 불가능한 것일까.

당연히 가능하고 그 방법도 확실히 있다. 전국 18개 지방검사장을 주민 직접 선거로 뽑는 것이다(정밀하게 다듬어야 할 제도 설계 부문은 이 논의에서 생략한다). 지방검사장 직선제가 도입될 경우 우선은 전국 단일형에서 18개의 병립형으로 검찰 조직이 변한다. 상호 견제가 가능한 18개의 독립 기관으로 거듭난 검찰은 검찰 조직 자체로부터 중립성을 확보할 수 있다. 또한 현실 권력의 눈치를 보지 않고 일을 할 수 있으며, 주민들에게 민주적 통제를 받는 조직이 되기 때문에 억압 권력의 순화 효과가 있다.

검사장 직선제가 만들어 내는 가장 의미 있는 대목은 선출 과정에서 검찰 권력이 어떻게 사용돼야 하는가를 놓고 공론의 장이 형성된다는 점이다. 주권자의 요구에 반응하고 시대정신과 조응하려는 검찰 조직의 탄생을 기대할 수 있다. 또한 해당 지역의 구체적인 과제에 대응할 수 있어 자치·분권 강화에도 기여한다.

미국, 독일의 경우 지역별 검찰청이 수평적으로 병존한다. 미국은 카운티(우리로 치면 기초지자체)별로 검찰청이 조직돼 있는데, 대략 2,400개에 달한다. 이 조직의 검사장District Attorney은 대부분 주민이 직접 선출한다. 독일은 연방대검찰청, 주고등검찰청, 주지방검찰청의 검사장을 각각 연방상원, 주의회의 동의를 거쳐 대통령과 주지사가 임명한다.

프랑스, 오스트리아, 스페인, 남미 등은 한국의 검사가 하는 직무를 법원에 속한 수사판사가 담당하는데 그 판사들을 상명하복의 위계 체제로 묶는 단일 조직은 없다. 모든 나라가 선거로 검사장을 뽑는 것은 아니지만 어떤 식으로든 현실 권력의 간섭을 받지 않으면서도 민주적 통제 아래 놓이는 구조를 갖고 있다.

검사장 직선제는 검찰 권력이 주권자의 눈치를 보게 만든다. 주권자 대부분은 범죄자가 아니며 현행범은 투표권이 없다. 검사장 직선제로 인해 검찰 권력이 범죄에 관대할 것이라는 우려는 하지 않아도 된다. 대형 형사 사건이나 비리는 대부분 '권력형'이다. 주민이 뽑은 검찰은 다시 뽑히기 위해서라도 권력형 비리에 단호할 수밖에 없다.

혹자는 검사장 직선제를 포퓰리즘이라고 비판한다. 검찰이 대중의 인기에 영합하는 방향으로 업무를 수행할 것이라고 우려한다. 결코 포퓰리즘이 아니라는 논거는 얼마든지 있다. 그러나 포퓰리즘이면 또 어떤가. 대통령으로 대표되는 현실 권력의 '취향'에 영합하는 것보다는 대중의 바람에 영합하는 게 어디로 보나 더 낫다.

힘 있고 돈 많은 이들에게는 엄격하고 보통의 국민들에게는 공평해야 검찰 권력의 생산성이 높아진다. 검사장 직선제가 그 길로 가는 방법이다. 그렇기 때문에 새누리 계열의 정당은 검사장 직선제에 무관심하다.

대권 주자 중 더불어민주당의 안희정 충남지사와 이재명 성남시장이 검사장 직선제 의지를 밝혔다. 문재인 전 대표는 지방 분권이 확실히 되고 난 후에 추진하는 게 바람직하다는 의견을 내놓았다. 더불어민주당 박주민 의원은 지방검사장 직선제 법안을 발의했다. 이제 검사장 직선제는 어떤 식으로든지 '처리'해야 하는 국가적 의제로 떠올랐다. 주권자의 관심과 지지가 좀 더 많이 필요한 때이다.

2
정치 혐오가 다 삼켜 버린
이재명-윤석열 대선

20대 대통령 선거에서 졌다. 역대 최소 득표차인 0.73%p (24만 7,077표) 차이로 이재명 후보가 패배했다. 격차의 크기로만 보면 '석패'라 할 수 있다. 하지만 그 내용으로 보면 '완패'였다. 역대 대선 중 가장 형편없는 후보에게 졌기 때문이다. 정치 경험이 전무하고, 이른바 본부장(본인·부인·장모) 비리 의혹이 적나라하게 드러났고, 토론회 등에서 드러난 정책 역량이 빵점에 가까운 후보에게 패했기 때문이다. 간단히 대비하자면, 역대 보수 정당 후보였던 노태우·김영삼·이회창·이명박·박근혜와 비교해 윤석열은 '최약체' 후보였던 것이다. 그 후보에게 패했으니 최소 득표차라 하더라도 '완패'로밖에 볼 수 없는 것이다. 왜 그랬을까. 이미 수많은 분석들이 나왔다. 여기서는 내가 생각하는 패배의 원인 딱 한 가지만 말하고자 한다. 앞으로도 고려해야 할 구조적·지속적 요인이라 보는 부분이다.

역대 대선은 정치적이든 경제적이든 '거대한 성공'을 바탕으로 한 대형 정치인들 간의 각축이었다. 노태우, 김영삼, 김대중, 노무현, 이회창, 박근혜, 문재인…… 이들 모두 풍부한 이야기를 갖고 있으며, 정당 정치의 과정을 거쳐 대통령 후보가 되었고, 당선되거나 낙선했다. 반면에 이재명과 윤석열은 정당 정치의 과정을 거치지 않았다. 그나마 이재명의 경우 국회 경험이 없을 뿐 민주당의 이름으로 성남시장-경기지사로 이어지는 선출직의 길을 걸었다. 윤석열은 선출직 경험도 없었다. 둘은 의회가 아닌, 집행부(행정부)에서 자기 역량을 발휘했다. 그들이 이룬 성과는 논쟁적이었다. 호불호가 엇갈렸다. 이 대목에서 나는 이재명의 성과는 충분히 폄훼되거나 왜곡된 반면, 윤석열의 성과는 지나치게 부풀려졌다고 본다. 다만, 나의 시각과는 별도로 국민적 인식에서 둘의 성과는 혁혁하면서 논쟁적인 것이었다. 둘에 대한 비호감 요인도 상당했다. 누가 덜 비호감이냐가 당락을 가른다는 말까지 나왔다.

이 같은 이야기들을 하나로 묶을 수 있는 말로 나는 '세속'을 꼽는다. 역대 한국의 대선은, 진실이 무엇이든 그 외형은 대체로 고상한 인격, 감동적인 이야기, 거창한 목표 같은 것들로

포장되었다. 대선은 숭고한 이념을 실현하려는 '성전'과도 같았다. 지저분한 싸움이 없지는 않았지만, 시대의 분위기는 그랬다. 비교하여 이재명-윤석열 대선에서 '성전'의 분위기를 찾기는 어려웠다. 고상한 외양을 띠기 마련인 정책조차도 생활의 구체적인 것들이 압도해 대선이라기보다는 지방선거 같은 느낌이 들 정도였다. 생활 정책이 나쁘다는 이야기가 아니다. 이전과는 성격이 다른 매우 세속적인 대선을 맞닥뜨렸다는 뜻이다.

일찍이 경험해 보지 못한 매우 '세속적'인 대통령 선거 앞에서 직업 정치인도, 정당도, 주권자도 당황했다. 민주당 광역단체장들의 연이은 '미투' 낙마, 문재인 정부의 부동산, 이재명의 대장동, 윤석열의 본부장 비리, 쥴리 의혹, 무속 의혹 등등 이전 대선에서는 부차적이었던 어젠다들이 최상위로 떠올라 대선 판을 지배했다. 주권자들은 한반도 평화, 행정수도 이전, 4대강 사업, 사회·경제 민주주의 같은 대형 어젠다들에 익숙했고, 거기에 대한 판단 기준도 있었다. 하지만 대장동 사업, 본부장 비리는 그 구체적인 내용을 꼼꼼하게 살펴야 판단이 가능한 영역이었다. 정보, 주장, 확인할 수 없는 사실들이 난무하는 가운데 이재명과 윤석열은 '그놈이 그놈'이 되었고, 대선은 '비호감'으로 전락했다. 이 경우 표는 5 : 5로 갈린다.

촛불혁명 이후 한국의 정치 지형은 5 : 5로 재편되었다는 게 내 판단이다. 과학적 분석은 아니다. 민주화 이후 여러 차례 치른 대선을 보며 추정한 나의 '직관'이다. 선거는 한 표까지 계산하는 구체적인 것이지만, 선거를 준비하고 흐름을 잡은 과정은 '직관'에서 출발한다. 촛불혁명 이전까지는 보수 : 진보가 5.5 : 4.5 수준이었다[엄격한 의미의 보수, 진보 개념은 아니다. 국민의힘 경향(보수), 더불어민주당 경향(진보) 정도로 분류한 느슨한 용어이다]. 박근혜 대 문재인 대선은 진영 총결집 성격이었다. 양측은 각각 보수와 진보 자산 전체를 업고 선거를 치렀다. 당시의 보수 : 진보 지형 비율로 볼 경우 문재인 패배는 예정된 것이었다.

대선 판이 '그놈이 그놈'이나 '비호감'으로 가게 되면 투표 결과는 진영 결집의 성격을 띤다. 그러니까 정책, 성과, 후보의 캐릭터 등 확보 가능한 변별력을 '비호감'이 덮어 버리면 선거는 진영 대결로 치닫게 된다. 이재명-윤석열 대선의 결과가 그렇게 해서 나왔다. 단 한 표 차이로도 승패가 갈리는 선거여서 '윤석열 승리'가 나왔다. 하지만 정량定量이 아닌, 정성定性의 관점에서 보면 5 : 5다.

'그놈이 그놈'이나 '비호감'의 다른 말이 '정치 혐오'다. 패자가 결과를 인정하고 수용하는 건 당연하다. 하지만 그렇다고 해서 승자가 주권자의 의지를 체현했다고 단정 지을 수는 없다. 여론조사에 정량과 정성이 있듯, 대선 결과 또한 정량과 정성으로 나눠 볼 수 있다. 대부분의 대선 평가는 승/패의 결과를 놓고 승리 혹은 패배의 원인을 사후 분석한 것들이다. 원인 분석 또한 여러 주장들이 난무해 믿고 싶거나 이해가 가는 부분에 한해서 수용하기 마련이다. 여하튼 승/패 원인 분석은 신문 기사부터 논문까지 많이 나와 있다. 그래서 나는 승패를 떠나 정성적으로 어떤 대선이었는가를 말하고, 그렇기 때문에 승패의 결과가 이렇게 나왔다고 주장하고자 한다.

그런 면에서 지난 대선의 최종 승자는 '정치 혐오'라고 말할 수 있다. 그렇다면 '정치 혐오'는 왜 그렇게 대선 판을 지배했는가라는 추가적인 질문을 해야 한다. 정치를 혐오할 재료들은 이전에도 아주 많았다. 이번에 특별했던 것은 그 혐오를 덮을 만큼의 '큰 희망'이 보이지 않았다는 점이다. 대선 주자들이 큰 희망을 제시하지 못했던 것이다. 그렇다면 다시, 큰 희망은 꼭 있어야 하는 어젠다인가라는 질문도 가능하다. 무조건 있어야 한다고는 말하기 어렵다. 그것은 한국 사회의 현 상태에 대한 진단과 연결되어 있다. 큰 희망이 필요하면 있어야 하고, 필요치 않으면 없어도 상관없다. 대선이라고 해서 꼭 '큰 거 한 방'이 있어야 한다는 필연은 없다.

다만 안타까운 것은 작은 것, 그러니까 앞서 제시한 '세속'을 경시하는 사회 분위기다. 우리 사회의 문제를 해결하기 위해 필요한 것들은 구체적이고 세세한 것으로 옮겨 와 있다. 지난 대선은 그 점을 반영해 양 진영 모두 생활 정치 어젠다들을 앞다퉈 내놨다. 자연스럽고 진일보한 현상이었다고 본다. 하지만 대선이라서인지, 주권자들은 그것을 부차적인 것으로 치부했다. 비어 있는 빈자리를 정치 혐오가 차지하고, 나머지 부분에 부차적으로 여기는 '생활 정책'이 배치되었으니 정치 혐오가 생활 정책을 집어삼킨 꼴이 되었다. 그 결과 진영 대결로 판의 성격이 고착됐고, 5 : 5의 표 나눔에서 간발의 차로 승리하거나 패배했다고 보는 것이다. 결과적으로 어느 진영이나 시대정신을 움켜쥐지는 못했다.

정치 혐오가 그토록 기승을 부리지 않았다면 각각의 후보들이 내세운 생활 정치를 통한 변별력 확보가 가능했을 것이다. 또는, 이미 변화한 시대상을 반영해 생활 정치 어젠다들을 주권자들이 중요시했다면, 정치 혐오에도 불구하고 변별력 확보가 가능했을 것이다. 하나 더, 정치 혐오를 밀어낼 만큼의 대형 어젠다가 있었다면 상황은 또 달랐을 수 있다. 정치 혐오-생활 정치-대형 어젠다 세 축의 힘겨루기에서 정치 혐오가 승리한 선거가 지난 대선이라는 게 나의 판단이다. 그리고 앞으로도 그럴 것이라고 본다.

윤석열의 경우 그 자체로 정치 혐오 요인을 지니고 있었다. 반면에 이재명의 경우 '만들어진 혐오'였다. 성남시장 때부터 작금의 구속영장 청구 기각까지 정치인 이재명의 길은 '법을 이용한 경쟁자들의 집요한 공격과 그것을 극복하는 과정'이었다. 극복했다고는 하지만, 주권자들에게는 '혐의'의 잔상이

남는다. 그 혐의가 혐오로 전환했고, 지금도 공격과 극복은 계속되고 있다. 다만 이전과 다른 점은 '전환점'이 마련됐다는 점이다. 주권자들로 하여금 상황 전체를 다시 생각해 보게끔 하는 경이적인 모멘텀이 검찰의 구속영장 청구 기각이다. '그놈이 그놈'에서 '그놈과 이놈이 다른 것 같은데……'로의 전환이다.

이명박 정부 때부터 보수의 국가 전략은 사실상 '없다'고 본다. 그들은 사익 편취를 위해 권력 장악을 시도할 뿐이다. 지지자들에게 호소할 자신들의 국가 비전이 없으니, 정치 혐오라는 큰 틀로 자신과 경쟁자를 함께 가둬 진영 대결을 통한 '우연한 승리'를 노리는 것이 저들의 선거 전략이다. 이명박은 4대강 사업이라는 억지 콘텐츠라도 만들었고, 박근혜는 민주당의 정책을 베껴 갔다. 윤석열과 국민의힘은 그것마저도 없었다. 국민의힘이 없었으니 윤석열도 있을 수가 없다. 하지만 윤석열에게는 이재명을 '그놈이 그놈'이게 만들 수 있는 검찰 권력이 있었다. 윤석열이 국민의힘을 장악하여 '우연한 승리'를 거둘 수 있었던 배경이다.

김대중 대통령은 지방자치 없이 수평적 정권 교체는 불가능하다고 봤다. 지금은 검찰 정상화 없이는 민주 정부 재창출은 어렵다고 본다. 유력 주자들은 압수수색과 구속과 법정 싸움으로 망가질 것이다. 겨우 극복하더라도 정치 혐오가 모든 것을 삼켜 지난 대선과 같은 상황이 반복될 것이다. 다음 세대에게 정상 국가를 넘겨줄 의무가 우리에게 있다. 그러기 위해서는 검찰 정상화라는 역사적 과제를 우리 시대에서 마무리해야 한다.

정치 혐오를 극복할 수 있는 방법은 주권자 시민에게 정치의 효능감을 제공하는 것이다. 주권자 시민에게 큰 이익(정치적이든 경제적이든)을 주면서, 동시에 큰 가치를 가진 효능감이라면 정치 혐오는 아침 이슬처럼 녹을 수 있다. 김대중의 지방자치, 노무현의 행정수도 이전 같은 것들이 '큰 이익 + 큰 가치'에 속한다. 지난 대선 때는 '큰 이익 + 큰 가치'가 없었다. 공정이라는 화두가 큰 목소리로 이야기됐지만, 그것은 이념이다. 손에 잡히지 않는다. 검찰의 '선택적 정의' 때문에 공정이라는 이념 자체도 수용자에 따라 그 의미가 달라졌다. 결과적으로 윤석열에게도, 이재명에게도 '큰 이익 + 큰 가치'가 없었다. 유시민 작가의 말을 빌리자면 '시대정신이 없는' 대통령 선거였다. 어쩌면 시대정신은 앞으로도 없을 수 있다. 이전과는 다른 '세속'의 시대로 접어들었기 때문이다. 나쁜 의미로 '세속'이라는 말을 쓰는 건 아니다. 과연 이것이 가치 있는 일인가라는 의문이 들 만큼 '작은 이익'들이 대통령 선거의 단골 메뉴가 됐다. 시대정신에 연결되는 큰 가치를 수반하지 않는다는 의미에서 '작은 이익'을 '세속'이라고 표현했다. 당장에는 정치 혐오가 작은 이익을 덮었다. 작은 이익을 이야기하는 대통령 후보를 보면서 정치 혐오가 더 커진 측면도 있었다. 우리들 대다수가 '큰 이익 + 큰 가치'에 익숙해져 있는 탓이다. 정치 혐오를 극복하는 길은 작은 이익의 실현을 반복하면서 정치적 효능감을 제공하는 한편, '큰 이익 + 큰 가치'를 발굴해야 한다. 검찰 정상화가 그중 하나라 생각하고 있다. 검찰 정상화가 주권자 시민에게 어떤 방식과 내용으로 '큰 이익'을 주고, 그것이 왜 '큰 가치'인가를 증명하고 설득하는 일을 계속할 필요가 있다. 향후 대선 승리의 길도 여기에 있을 것으로 본다. 앞으로도 나는 검찰 정상화 일을 계속하고자 한다.

3
376회 압수수색하고도
증거 부족으로 영장 기각

2023년 9월 27일 법원이 이재명 더불어민주당 대표에 대한 구속영장 청구를 기각했다. 사유는 아래와 같다(밑줄은 필자).

[구속영장 실질 심사 결과]
1. 피의자명 : 이재명
2. 피의죄명 : 특정범죄가중처벌등에관한법률위반(뇌물) 등

3. 결과 : 기각

① 혐의 소명에 관하여 본다. 위증교사 혐의는 소명되는 것으로 보인다. 백현동 개발사업의 경우, 공사의 사업 참여 배제 부분은 피의자의 지위, 관련 결재 문건, 관련자들의 진술 등을 종합할 때 피의자의 관여가 있었다고 볼 만한 상당한 의심이 들기는 하나, 한편 이에 관한 직접 증거 자체는 부족한 현 시점에서 사실관계 내지 법리적 측면에서 반박하고 있는 피의자의 방어권이 배척될 정도에 이른다고 단정하기는 어렵다고 보인다. 대북송금의 경우, 핵심 관련자인 이화영의 진술을 비롯한 현재까지 관련 자료에 의할 때 피의자의 인식이나 공모 여부, 관여 정도 등에 관하여 다툼의 여지가 있다고 보인다.

② 증거인멸의 염려에 관하여 본다. 위증교사 및 백현동 개발사업의 경우, 현재까지 확보된 인적, 물적 자료에 비추어 증거인멸의 염려가 있다고 보기는 어렵다. 대북송금의 경우, 이화영의 진술과 관련하여 피의자의 주변 인물에 의한 부적절한 개입을 의심할 만한 정황들이 있기는 하나, 피의자가 직접적으로 개입하였다고 단정할 만한 자료는 부족한 점, 이화영의 기존 수사기관 진술에 임의성이 없다고 보기는 어렵고 진술의 변화는 결국 진술 신빙성 여부의 판단 영역인 점, 별건 재판에 출석하고 있는 피의자의 상황 및 피의자가 정당의 현직 대표로서 공적 감시와 비판의 대상인 점 등을 감안할 때, 증거인멸의 염려가 있다고 단정하기는 어렵다.

③ 위에서 본 바와 같은, 피의자의 방어권 보장 필요성 정도와 증거인멸 염려의 정도 등을 종합하면, 피의자에 대하여 불구속수사의 원칙을 배제할 정도로 구속의 사유와 필요성이 있다고 보기는 어렵다.

4. 담당법관 : 유창훈 영장전담 부장판사

증거 인멸이나 도주의 우려가 있을 때, 또는 범죄 사실이 상당 부분 확인될 경우 법원은 구속영장을 발부한다. 기각의 핵심 요지는 증거가 없거나 부족하다는 것이다. 또한 "별건 재판에 출석하고 있는 피의자의 상황 및 피의자가 정당의 현직 대표로서 공적 감시와 비판의 대상인 점 등을 감안할 때, 증거 인멸의 염려가 있다고 단정하기는 어렵다"는 것이 법원이 기각을 결정한 이유다.

검찰은 1,500여 쪽 분량의 의견서와 이 대표가 직접 서명한 공문서 등을 제시해 가며 혐의 입증을 자신했다. 그럼에도 법원은 주요 혐의인 배임 및 뇌물죄는 확보한 증거들만으론 범죄 혐의가 분명하지 않다는 판단을 내렸다. 영장 실질 심사 전까지 727일 동안 세 개의 청(서울중앙지검·수원지검·성남지청), 70여 명의 검사가 376회 압수수색과 여섯 번의 소환 조사를 벌였는데도 범죄 혐의가 분명하지 않다는 걸 어떻게 이해해야 할까. 혹자는 "이재명이 잘 빠져나갔다"라고 비아냥댄다. 다시 한 번 생각해 보자. 3개 청 70여 명의 검사가 376회 압수수색을 벌였는데도 "빠져나가는 것"이 가능할까? 오히려 검찰의 무리한 수사라고 보는 편이 합리적이다.

이 사안을 '이재명'이 아닌 '검찰'로 프레이밍해 볼 필요가 있다. 이재명이 죄가 있나 없나는 별론으로 하고, 검찰의 수사 및 구속영장 청구가 정당한지 살펴보자는 것이다. 영장 실질 심사 이틀 전 더불어민주당 검찰독재정치탄압대책위원회는 기자회견을 통해 "검찰이 검사 수십 명, 수사관 수백여 명을 동원해 400여 차례 압수수색을 벌이며 이 대표와 그 주변을 먼지 털듯이 탈탈 털었지만 제대로 된 증거는 제시하지 못하고 있다"며 "대장동 사건이 그랬듯 재판이 시작되면 검찰 허위 주장의 실체가 밝혀질 테니 일단 구속영장을 청구해 범죄자로 낙인찍겠다는 것"이라고 주장했다. 재판으로 가져가면 검찰에게 불리하니, 재판 이전에 구속영장 청구 등 사안을 떠들썩하게 만들어 이재명이 '범죄자인 것처럼' 대국민 가스라이팅을 하겠다는 게 검찰의 전략이라는 주장이다. 대책위의 주장이 맞다.

수사 과정에서 검찰은 수차례 "증거가 차고 넘친다"고 말했다. 그렇다면 그냥 기소해서 법정으로 끌고 가면 된다. 검찰은 그렇게 하지 않고 기어이 구속영장 청구를 시도했다. 백 보를 양보해 꼭 구속영장을 청구해야 한다면 비회기 중에 하면 된다. 이재명 대표는 비회기 중에 자기 발로 걸어가 영장 실질심사를 받겠다고 했다. 이것이 이 대표가 밝힌 불체포 특권 포기의 내용이다. 그런데도 검찰은 기어코 회기 중에 체포 동의안을 내 '국회 표결'을 강요했다. 국회가 의원을 보호하기 위해 없는 회기를 만든 경우는 있었다. 그런데 조사에 성실히 임하고 있는 국회의원(굳이 야당 대표라고 할 것도 없다)을 대상으로, 비회기 중에 영장 실질 심사를 받겠다는 국회의원을 대상으로 회기 중에 체포 동의안을 내는 경우는 처음이다. 법을 이용해 정치 게임을 벌인 것이다.

여하튼 국회는 표결을 할 수밖에 없게 됐다. 그렇다면 국회 표결의 성격은 이 같은 검찰의 행위에 대한 가/부 판단이어야 했다. 이재명 문제가 아니라 검찰 문제를 판단하는 표결 행위를 했어야 하는 것이다. 사안의 프레임을 '이재명'이 아닌 '검찰'로 보자는 내 주장의 의미가 이 대목에서 유용성이 있다. 이재명의 사법 문제는 그냥 기소하거나 비회기 중 구속영장 청구하면 되는 간단한 일이었다. 단식하면서 출두해 두 차례 수사도 받았다. 이재명의 사법 문제는, 전혀 문제될 게 없는 것이었다. 검찰 행위의 부적절함을 국회가 제어해야만 했다. 그것이 '가결/부결'의 의미였다. 결과적으로 국회는 체포 동의안에 '가결(동의)'했고, 그럼에도 불구하고 법원은 구속영장을 기각했다. 가결 표를 던진 민주당 국회의원보다 한 명의 판사가 정확하고 용기 있는 판단을 내린 셈이다.

국회 표결 전에 한동훈 법무부 장관이 '체포 동의 요청 이유'를 설명하는 자리가 있었다. 참으로 가관이었다. 한 장관은 본인이 마치 판사라도 되는 양 이 대표를 범죄자로 단정했다. 증거도 부족한, 검찰이 자의적으로 붙인 '혐의'를 줄줄이 읊었다. 심지어는 이미 확정 판결이 난 사안까지 무시하면서 놀랍고 희한한 논리를 전개하기도 했다. 이 발언 하나만 살펴보자.

이 지사로부터 수차례 전화 통화를 통해서 집요하게 위증 요구를 받은 ○○○은 이 지사가 요구하는 내용에 대해서 모른다고 답했지만 이 지사의 거듭된 요구에 위증하기로 수락하고 위증에 대한 부담으로 당초 처음 재판 기일에 불출석까지 했다가 현직 도지사의 요구를 거절하기 어렵고 거절할 경우에 △△△으로부터 백현동 사업 알선 대가도 받지 못할 것을 우려한 나머지 이 지사가 요구하는 대로 재판에서 위증했습니다. 이 위증은 그냥 위증이 아니라 재판 결과에 직결된, 재판 결과를 뒤바꿀 만한 위증이었고 결국 이재명 지사에 대해서 무죄가 선고돼서 확정됐고 그 결과 이재명 지사는 경기지사 임기를 무사히 마치고 대선에까지 출마할 수 있었습니다.

"재판 결과를 뒤바꿀 만한 위증"으로 무죄가 선고됐다는 주장을 ○○○, △△△를 실명으로 거론하면서 국회에서 발언했다. 물론 왜 위증인지, 위증을 입증하는 자료는 무엇인지는 밝히지 않았다. 논리도 문제지만 "그 결과 이재명 지사는 경기지사 임기를 무사히 마치고 대선에까지 출마할 수 있었습니다"라는 식의 평가성 발언을 해서는 안 되는 자리이다. 꼭 체포해야만 하는 시급성을 설명하고, 관련 증거는 문서로 제출하면 되는 일이었다. 그럼에도 무려 37분 동안 위와 같은 식의 발언을 이어 갔다.

오죽하면 김진표 의장이 "이 제안 설명이 지나치게 한쪽 주장을 일방적으로 해서 그동안의 관행에 맞지 않고 이렇게 되면 잘못하면 피의 사실 공표 문제와 연결될 수 있으니까…… 법무부 장관께서는 최대한, 지금도 이미 시간이 많이 경과됐으니까, 국회라는 건 그동안의 관행도 있으니까 좀 요약해서 설명해 주시고 가급적 빨리 끝내 주셨으면 좋겠습니다. 피의 사실 공표 문제가 거론되고 있다는 것을 염두에 두시고 늦어도 5분을 넘지 않도록 해 주시기 바랍니다"라면서 제어했다. 그럼에도 한 장관은 7분을 넘겨 추가로 발언했다.

검찰과 한동훈이 노린 시공간이 바로 추석 전 국회 연설이었다. 이후 판사가 구속영장을 발부하면, 추석 연휴 전체를 '범죄자 이재명'으로 낙인찍으려는 계획이었다. 정치적 목적을 위해 국가 권력을 지극히 사적으로 이용한 사례다. 중립적이어야 할 '일국의 장관'이 특정 정당의 일원이 되어 정치적 입장을 노골적으로 드러내며 '국회 연설'을 한 것이다. 가히 국회 유린이라 해도 넘치는 말이 아닐 정도다. 관련하여 나의 주장은 추미애 전 법무부 장관의 2023년 9월 27일 페이스북 포스팅으로 대신한다.

국회는 한동훈에 대한 책임을 물어야 한다.

1. 비회기 중 영장 청구를 할 수 있었음에도 일부러 회기 중에 영장을 청구해 구속할 만한 직접 증거가 없는 왜곡과 과장이 가득한 범죄 사실을 낭독해 피의 사실을 공표하고, 사전 언론 유포를 통해 국가 안보를 위협해 징역 36년 6월 이하 또는 무기 징역이 선고되어야 한다는 등 사법 공갈을 자행했다.

2. 일국 법부부 장관이 자신이 호언장담했던 영장이 기각되자 "죄가 없는 것이 아니다"라고 한다. 공판을 열지도 않았고 재판한 것도 아닌데 "유죄"라고 하는 것은 법무부 장관으로서 반헌법적, 반법치적인 발언이고 자격이 없다.

3. 또 '무리한 수사 아니었나?'는 기자의 질문에는 "수사가 진실을 밝히는 것"이라고 했다. 수백 번 압수수색해도 여태 진실이 나오지 않았는데도 향후 같은 방식을 되풀이하겠다는 위험한 작태를 과시하고 있다.

4. 수사권을 남용하고 유죄의 예단을 공연하게 말해 공인인 야

당 대표의 명예를 짓밟고 명예를 훼손해 인권을 침해한 것에 대해 국회는 당연히 책임을 물어야 한다. 법을 무시하고 권한을 남용하는 법무부 장관에 대한 탄핵 발의를 해야 한다.

한동훈 법무부 장관을 탄핵해야 한다는 추미애 전 장관의 주장에 동의한다. 기각 결정이 나기 전 나는 국회 5분 발언을 준비했다. 실무적인 이유로 기회를 잡지 못했다. 그때 써 둔 5분 발언을 조금 고쳐 10월 6일 국회에서 진행했다(제2장 참조).

비슷한 시기에 더불어민주당 내 정치 개혁 모임 '더 새로', 새롭게 도전하는 정치인들을 주축으로 꾸려진 '더민주혁신회의' 등 민주당의 개인 및 여러 지지 그룹들이 한동훈 장관 탄핵을 요구하고 있다. '더 새로'의 발표문을 전재한다.

〈더불어민주당은 즉시 한동훈 장관을 탄핵해야 한다〉

검찰의 이재명 더불어민주당 대표 죽이기는 실패로 돌아갔다.

이재명 당대표 구속영장 기각으로 검찰의 폭주에 제동이 걸렸다. 그러나 윤석열 정권은 검찰을 동원해 국민과 야당을 겁박하고 국회를 무력화하려는 시도를 멈추지 않을 것이다. 이러한 검찰 독재의 정점에 한동훈 법무부 장관이 있다.

'이재명'이라는 정적을 제거하기 위해 무려 727일 동안 세 개의 청(서울중앙지검·수원지검·성남지청), 70여 명의 검사가 376회 압수수색과 여섯 번의 소환 조사를 벌였다. 사상 유례없는 규모의 공권력 남용 끝에 나온 결과는 구속영장 기각이다.

검찰은 오래전부터 수사를 빌미로 정치를 해 왔다. 검찰은 사건을 조작하고 아무 죄도 없는 사람들을 감옥에 보냈다. '유우성 간첩 조작 사건'을 일으킨 이시영 검사를 징계하기는커녕 검사장으로 승진시키는 상상할 수 없는 부도덕한 행위를 저지르기도 했다. 이것이 윤석열, 한동훈 검찰 정권의 민낯이다. 무소불위한 검찰 권력의 행패를 지켜본 국민의 분노는 곧 다시 검찰 개혁의 들불로 타오를 것이다.

윤석열 대통령은 정적 제거용 억지 수사의 실패를 인정하고 한동훈 장관을 파면해야 마땅하다. 그렇지만 안타깝게도 그런 상식과 양심을 가진 정권이 아니다. 국회가 나서서 한동훈 장관을 탄핵해야 한다. 이재명 당대표에 대한 억지 수사 말고도 탄핵 사유는 한동훈 장관의 말대로 차고도 넘친다.

1. 한동훈 장관은 헌법상 정치적 중립 의무를 위반했다. 이재명 제1야당의 대표를 수시로 공격하는 발언은 정치적 중립의 의무를 위반한 것이다. 이는 헌법과 국가공무원법을 위반한 것이다. 이것 하나만으로도 한동훈 장관은 탄핵되어야 한다.

2. 민주주의의 기본은 삼권 분립이다. 한동훈 장관은 행정부 소속 국무위원에 불과하다. 그럼에도 국민을 대표하는 국회를 존중

하기는커녕 오만하기 짝이 없고, 국회에 출석해서 국회의원의 질의에 답하면서 말꼬리 잡고 비아냥거리고 시비 걸기 일쑤이다. 국회를 무시하는 행정부의 국무위원은 탄핵하는 것이 마땅하다.

3. 한동훈 장관은 국회에서 이재명 대표 체포 동의안 제안 설명을 할 때는 '피의사실공표' 범죄를 저질렀다. 사법부의 판단이 나오기도 전에 야당의 대표를 범죄자로 낙인찍으려는 비열한 정치 행위다. 피의사실공표는 헌법 위반이다.

4. 한동훈 장관은 검찰과 경찰의 수사권 분리 법안을 시행령을 통해 파괴하려 하고 있다. 이는 국회 입법권을 침해하는 행위로 형법을 위반한 것이고, 상위법을 무시한 검찰청법의 위반 행위이다.

5. 윤석열 검찰총장 징계 처분 소송과 관련하여 한동훈 장관은 '패소할 결심'을 한 것처럼 소극적 태도로 일관하고 있다. 법무부 장관으로서 승소해야 할 책임을 방기하고 있는데, 이는 국가공무원법인 성실의무위반과 이해충돌방지법 위반이다.

6. 법무부 인사검증관리단 설치는 기본적으로 정부조직법 위반이다. 법무부가 법을 위반하면서 인사검증관리단을 만들었다. 한동훈 장관이 만든 인사관리검증단은 국무위원 검증에 대부분 실패하고 있다. 국민과 국회를 무시하고 대통령에게만 충성하는 인사 과정을 진행하고 있다. 공정성, 전문성, 역사의식 모두 내팽개친 인사를 반복하고 있다. '대통령 추천'으로 모든 면죄부를 부여하고 있다. 인사 검증의 최종 책임자 한동훈 장관의 책임을 물어야

한다.

7. 김건희 주가 조작과 서울양평고속도로 노선 변경 의혹, 그리고 대장동 50억 클럽에 대한 검찰 조사를 진행하지 않고 있다. 이재명 당대표와 송영길 전 민주당 대표의 의혹에 대해 본인과 주변인에 대한 압수수색을 수도 없이 감행하면서 대통령실 고위 관계자들에 대한 수사는 일체 하고 있지 않다. 이는 법무부 장관의 직무유기로 탄핵의 사유가 된다.

8. 한동훈 장관은 검찰 특활비 관련하여 자료가 오래되어 휘발되었다며 자료를 제출하지 않았고, 특히 2017년 9월 이전 특활비 자료를 2개월마다 폐기하였다. 이는 공공기록물관리법 위반에 해당한다.

한동훈의 탄핵은 민주당만의 힘으로 충분히 가능하다. 두려워하지 말고 담대하게 윤석열 정권과 한동훈을 심판해야 한다. 국민과 국회를 무시하고 조롱하는 자들에게 다수당인 민주당의 단합된 힘과 국회의 권능을 보여 주기 바란다.

검찰 개혁 없이 대한민국 민주주의 발전은 불가능하다.

정치 개혁 모임 〈더 새로〉
최강욱, 이재강, 황현선, 박성수, 채현일, 조일출, 박영기, 부승찬,
윤재관, 박성오, 조상호, 현근택, 이경, 여준성, 김준혁

입지자들, 당원, 정치 고관여층에서 윤석열 대통령과 한동훈 장관을 탄핵해야 한다는 목소리가 끊이지 않고 있다. 대통령 탄핵은 별론으로 하더라도 한동훈 장관 탄핵은 그 열기가 뜨겁고, 사유 또한 충분하다. 나는 이미 국회 본회의장에서 주장했고, 계속 노력하고 있다. 더불어민주당과 야권 의원들의 참여를 기대한다.

4

강성 지지, 문제는 국회의원,
결별이 답 아니다

"이재명 더불어민주당 대표의 강성 지지자를 뜻하는 '개딸' (…) 개딸이 '개혁의 딸'로서 정치권에 소환된 것은 지난해 3·9 대선을 거치면서다. 일부 2030 여성 유권자들은 윤석열 당시 대선 후보의 20대 남성 구애 전략에 맞서 이재명 후보로 결집하면서 스스로 개딸이라고 불렀다."[5]

『경향신문』의 보도다. 언론사의 성향을 불문하고 '개딸'에 대한 정의는 『경향신문』과 대체로 일치한다.

지난 2월 27일 이 대표 체포 동의안 표결에서 더불어민주당

의원 30명 이상이 가결이나 기권을 한 것으로 확인됐다. 이재명 대표 지지자들은 더불어민주당 당사 앞에서 '수박 깨기' 퍼포먼스를 하는 등 격렬하게 분노를 표출했다. '수박'은 겉과 속이 다른 더불어민주당 의원을 지칭하는 말이다. 지지자들은 이른바 '수박'으로 추정되는 비명계 의원 지역위원회 사무소나 자택 앞에서도 시위를 했다. 이재명 대표의 가장 큰 정치적 자산이라고 할 수 있는 '개딸'은 이 대표 체포 동의안 표결 이후 더불어민주당 악성 팬덤, 극렬 지지, 욕설 문자 등과 겹치면서 혐오의 낱말이 됐다.

지지자들의 분노 표출이 과열 양상을 보이자 이재명 대표는 "단합을 해친다"며 자제를 요청했다. 더불어민주당 4선 중진 의원 네 명(김상희·안규백·우원식·정성호)은 '2023 버스에서 내려와' 캠페인까지 시작했다. 2016년 촛불집회 때 경찰 버스에 올라가는 등 과격한 행동을 한 사람들에게 다수 시민이 "버스에서 내려와"라고 외쳤다. 이때의 경험을 응용해 평화적인 방법으로 문제를 해결하자는 캠페인이다. 이재명 대표도 이 캠페인에 동참했다.

"사법 리스크, 돈 봉투 비리, 남 탓 전문, 말로만 특권 포기, '사돈남 말' 정당 대표…… 언제까지 반지성적이고 비이성적인 '개딸' 팬덤의 포로로 잡혀 있을 것입니까?"

국민의힘 김기현 대표의 교섭단체 대표 연설(2023. 8. 20)의 일부 내용이다. 이 연설에서 김 대표는 더불어민주당 의원들에게 "공천 때문에 특정 정치인 개인의 왜곡된 권력 야욕에 맹목적으로 충성하는 길에서 벗어나라"는 '충고'도 했다. 이재명 대표에 대한 국민적 지지 세력을 '개딸'로 좁히고, 이 대표와 함께하는 정치인들을 '공천 때문에 맹목적으로 충성'하는 것으로 폄훼하고 있다.

김기현 대표의 인식은 더불어민주당 안에서도 확인된다. 이원욱 의원은 "개딸에게는 분노도 아깝다"며 폄훼했고, 박용진 의원은 이재명 대표를 향해 "개딸과 헤어질 결심을 하라"고 말했다. 조응천 의원은 "(이재명 대표가) 좀 더 세게 말씀을 하셨으면 좋겠다. 당신들(개딸)하고는 결별하겠다 정도의 단호한 태도를 보여 주셔야(한다)"라고 주문했다.

이른바 '개딸' 관련 논의에는 세 가지 질문이 가능하다. 첫째, 과연 '개딸'은 집합명사로 불릴 만큼 실제로 존재하는 세력인가. 둘째, '개딸'에 대한 일부 더불어민주당 의원들의 말은 정당한가. 셋째, '개딸' 혹은 열성 지지자들의 과열 양상을 어떻게 평가해야 하나.

"우린 개혁 아줌마·아저씨 … 검찰과 싸워야지, 왜 이재명 흔드나"『한겨레』 4월 22일 자 기사 제목이다. 부제목은 "'문자 폭탄' 민주당 지지자 17명 인터뷰"이다. 이 기사를 통해 첫째 질문의 답을 확인할 수 있다. '개딸은 없다'이다.

　악성 문자 폭탄을 퍼붓고, 오프라인 시위에 나선 이들은 누구인가? '개딸'이라고 지칭할 수 있을 정도로 이 대표를 지지하는 젊은 여성들이 주축인가? 실체를 추적하기 위해 주요 표적이 된 이원욱·박용진·윤영찬·김종민 의원 등의 협조를 얻었다. 의원들에게 원색적인 내용의 문자를 보낸 이들의 전화번호를 받았다. (⋯) 문자 폭탄을 보낸 이들과 전화로 접촉을 시작했다. 왜 이런 원색적인 항의를 멈추지 않는지, 무슨 말을 하고 싶은 건지, 연배가 어떻게 되는지 등을 물었다. (⋯) 지난 (4월) 4일부터 19일까지 보름 동안 통화하고 접촉한 17명은 모두 자신을 '개딸'로 통칭하는 것에 강한 반감을 드러냈다. "개딸은 없다"며, 비명계 의원들이 보수 언론의 '개딸 악마화 프레임'을 그대로 복제해 열성 지지자, 정치 고관여층인 자신을 비난하는 것이라고 확신했다. 실제 이들 가운데 '개혁 성향 2030 여성'을 의미하는 '개딸'은 없었다. 스스로 '개혁 아줌마' '개혁 아저씨'라 부르는 5060세대가 대부분이다. '개혁 할아버지'를 자처하는 70대도 있었다. 대부분 당비를 내는 민주당 권리당원이었다.

　악성 문자 폭탄을 보낸 이들에게 전화를 걸어 17명의 답변을 얻었다. 일견 적은 숫자라고도 할 수 있지만 여하튼 거기에 '2030 개딸'은 없었다. 기사에 따르면 오프라인 시위 현장에도

'개딸'은 없었다. '개딸'이 아예 없다고 단정할 수는 없다 하더라도 문자 폭탄과 시위의 주요 세력이 '개딸'이 아니라는 점은 분명하다. 문자를 보내고 시위를 주도한 이들은 "대부분 당비를 내는 (50~70대) 민주당 권리당원이었다"라고 기사는 전한다. 이들 중 한 인사는 이원욱 의원과 박용진 의원을 영등포경찰서에 고소했다. 자신들을 '개딸'이라고 지칭한 것이 "허위 사실 적시에 의한 명예훼손, 모욕 등의 혐의"라는 것이다. 뒤집어 이야기하면, 체포 동의안 가결에 분노하고 검찰 개혁을 강하게 주문하는 열성 혹은 강성 지지자들을 국민의힘과 더불어민주당 일부 의원들이 무조건, 대충 '개딸'이라고 뭉뚱그려 집합명사화한 것이다. 여기에는 중요한 함의가 있다. 사회적으로 혐오의 언어(나는 이 혐오에 동의하지 않는다)가 된 '개딸'을 앞세우면 그들의 가결 반대, 검찰 개혁 주장까지 혐오로 가둘 수 있다. 동시에 자신들의 가결 투표 행위, 검찰 개혁에 대한 모호한 입장을 숨기거나 의제화하는 걸 막을 수 있다. '개딸'은 명시적인 형태를 갖추고 조직화한 세력이 아니다. 일종의 현상이다. '개딸'은 다른 형태로 존재할 수도 있고, 다른 방식으로 현상화할 수도 있다. 그렇기 때문에 강성 지지를 무조건 '개딸'이라고 규정하는 것은 사실에도 맞지 않고, 논의를 이끌어 가는 데도 유효하지 않다.

둘째 질문, '개딸'에 대한 일부 더불어민주당 의원들의 말은 정당한가를 살펴보자. 우선, 분노도 아깝고, 헤어지고 결별하라며 이재명 대표를 압박하는 의원들은 그런 말을 할 자격이 없다. 본인들이 주구장창 이야기하는 것이 다른 의견, 다른 입장을 당과 이재명 대표가 수용하라는 것이었다. 그런데 왜 본인들 생각과 다른 지지자들의 의견에는 그토록 '혐오'의 덫을 씌우는지 이해할 수가 없다. 본인들은 달라도 되고, 지지자들은 다르면 안 되는 것인가. 더불어민주당 권리당원은 그저 얌전하게 당비만 내고 정치는 국회의원들에게만 맡겨야 하는 것인가. 강성 지지자들의 '과격함'은 문제 삼을 수 있다고 본다. 그런데 그들은 문제를 삼은 것이 아니라 아예 헤어지고 결별하라고 압박했다. 서로 대화나 토론으로 풀 수 있는 개선의 여지를 미리 차단하겠다는 태도다. 이 대표의 지지 기반을 최소화하려는 속셈으로밖에 보이지 않는다. 이 지점에서 국민의힘 김기현 대표의 발언과 더불어민주당 일부 의원들의 주장은 동일하다. 나로서는 수용할 수 없는 주장이다.

셋째, '개딸' 혹은 열성 지지자들의 과열 양상을 어떻게 평가해야 하는가. 윤영찬 의원은 "당원의 정당한 의사 표현이라며 협박·욕설 문자와 오프라인 시위까지 정당화하고 진정성을 강조하지만, 그런 행동이 이들과 다른 생각을 하는 의원들의 입을 막는다. 이 때문에 실제 많은 의원들이 속마음을 감춘다"며 "민주주의를 말하지만 당내 의견을 획일화하는 가장 위험하고 권위주의적인 행태"라고 비판했다. 나는 이 말에 부분적으로만 동의한다. 내 의견은 이렇다. 협박·욕설이 아니라면, 문자든 오프라인 시위든 정당하다. 의사 표현은 그 강도가 높건 낮건 당원뿐 아니라 개인으로서도 정당한 권리다. 당내 의견이 '다양해야만' 민주주의인 것은 아니다. 당은 결사체다. 필요에 따라 '하나의' 행동을 해야 할 때가 많다. 그래서 '당'이다. 당내 민주주의는 정당의 목적 추구를 돕는 한에서 허용되는 특수한 민주주의이다. 당 운영 및 당내 민주주의 작동의 기준은 '정강·정책', 민주적으로 선출된 '지도부의 결정', 합리적·민주적으로 수집한 '당원의 의견'이다. 이 모든 부분이 체포 동의안 부결을 지시하는데, 일부에서 가결을 주장하는 것은 적절치 않다. 그것을 자신의 '소신'이라고 말할 수 있고, 또 헌법 기관으로서 의원 개인의 결정을 존중하는 수밖에 없다. 하지만 그것은 다양성/획일성 차원의 민주주의 문제가 아니라는 것이다.

팬덤 정치를 어떻게 대할 것인가라는 문제와 관련하여 박상훈은 "민주주의이기 때문에 나타날 수 있는 것이 팬덤 정치"이지만 "팬덤 정치가 민주주의의 발전에 기여할 것인지를 묻는다면, 그렇지 않다"고 보며 "그것이 '혐오로 작동하는 민주주의'"이기 때문이라고 자신의 견해를 밝혔다.[6] 혐오는 배타를 낳고, 배타는 공론장 형성을 막고, 복수의 시민들 간의 연대를 불가능하게 한다. 민주주의의 전제 조건이 파괴되는 것이다. 문제는 지지자 현상으로서 팬덤을 막을 방법이 없다는 데 있다. 또한 막아서도 안 된다. 시민의 정치 참여를 봉쇄하는 일이기 때문이다. 팬덤의 독소를 제거하면서 그 열정을 민주주의의 동력으로 삼는 지혜가 필요하다. 구체적인 해법은 상황, 여건, 사례의 특성에 따라 다를 것이다. 원리적인 차원에서는 아래의 의견을 지지한다.

> 강성 지지자나 팬덤 시민, 팬덤 당원의 지나침이 문제라면, 그 전에 그들에게 용기를 갖게 한 정치인이 있었는지를 먼저 살펴야 한다. 정치가 나쁘고 정당이 역할을 제대로 하지 못하면 그 자연스러운 결과로 시민도 대중도 당원도 얼마든지 세상을 사납게 만들 수 있다. 팬덤 정치는 정치를 바꾸는 문제로 접근할 일이지 시민을 바꿔서 해결할 일이 아니다. 정치를 좋게 하려는 자들이 인정받고 정치를 나쁘게 하는 자들이 기회를 얻지 못하게 해야 한다.[7]

입장에 따라 아전인수격 해석이 가능한 문장이다. 그렇더라도 확실한 것은 결별하고 헤어지는 방식, 곧 시민이나 당원의 지나침을 문제 삼는 것은 옳지 않다. 소비자가 아니라 공급자의 문제다. 정당과 정치(인)에 일차적인 책임이 있고, 따라서 문제의 해법도 정당과 정치(인)의 변화와 노력에서 찾아야 한다는 점이다.

5

나는 왜 이재명을
지지하는가

지난 대통령 선거 시기 나는 일찌감치 이재명 후보 지지를
선언했다. 특히 호남 의원들 중에서는 가장 빨랐다. 더불어민주
당 경선과 대선 과정에서는 전략기획본부장을 맡아 이재명 후
보를 도왔다. 확신이 있었기 때문이다. 다른 어떤 후보보다 이
재명이 새로운 시대에 꼭 들어맞는 능력과 감성을 가졌다고 보
았기 때문이다. 관련하여 더불어민주당 대통령 후보 경선을 앞
두고 나는 『오마이뉴스』 기고문(2021. 7. 30)에 일곱 가지 이유
를 들어 이재명 지지의 이유를 밝혔다. 여기에 기고문 전체를
싣는다. 기록에 의미를 두어 내용은 전혀 고치지 않았고, 맞춤
법만 책 전체와 통일성을 기했다.

대전환의 시대, 돌파형 대통령 … 이재명 지지는 당연하다

[나는 왜 ○○○을 지지하는가 / 민형배] 차기 정권의 과제와 이재명의 적절성
　　올해가 막 시작되던 때였다. 이낙연 당시 더불어민주당 대표가
뜬금없이 전직 대통령 사면론을 들고 나온 직후다. 사면론 비판 언
론 인터뷰 도중 마음 가운데 있던 '이재명 지사 지지' 의사가 밖으

로 드러났다. 지금은 이재명 경선캠프 전략을 맡고 있다.

그때 이후 많은 분들이 궁금해 한다. "왜?"

지지를 표명할 당시에는 이낙연 당대표의 지지가 더 높았다. 이른바 '친문'이라 불리는 '호남 토박이' 정치인으로서 나의 선택이 유별나 보였던 모양이다.

'내가 이재명을 지지하는 이유', 두어 차례 초고를 썼으나 밖으로 내놓지 못했다. 이재명 후보의 정치 철학, 예컨대 '주권자 정치'나 '권력 사유화 금지' 같은 태도는 (실상이 어떻든) 정치인 누구에게나 필수적 자세다. '문재인 정부 성공과 계승'이나 '본선 경쟁력' '정당 정체성' 역시 민주당 후보가 갖춰야 할 기본적인 자질이다.

이런 보편적인 요소들을 지지 이유로 앞세우고 싶지 않았다. 우리가 직면한 시대적 과제와 이를 해결하라는 주권자 시민들의 요구, 이른바 시대정신을 담지한 리더로서 적합한가라는 관점에서 접근하고 싶었다.

대전환의 시대 이끌 7가지 대통령 자질 있어

나로서는 '이재명 선택'이 자연스럽다. '차기 대통령'이라는, 우리 사회 리더로서 가장 적절하다는 공적 근거가 분명하기 때문이다. 기본적인 태도나 자세는 물론 당선 가능성을 따지더라도, 야권 후보보다 경쟁력 높은 요인들을 어렵지 않게 확인할 수 있다. 근거와 요인들을 일곱 가지로 압축해 제시한다.

첫째, '시대의 필요'다. '시대의 요구'라 해도 좋겠다. 코로나19 때문이든 크게 높아진 한국의 위상 때문이든, 분명한 건 지금이 대전환의 시대라는 점이다. 관리형 대통령이 아닌, 어느 때보다 위기를 넘어설 돌파형 대통령이 절실한 때다. 돌파는 권한의 문제가 아니다. '창조력'과 '용기'를 갖춰야 한다.

예컨대 전 국민 재난 지원 지역화폐 지급, 이른바 기본 시리즈 등이 창조와 용기 두 가지 덕목을 갖춘 정책의 사례다. 이재명 후보가 일관되게 주장했고, 정책으로 공식 발표했다. 경기도정을 통해 부분적으로나마 시행하기도 했다.

국정을 위임받으면, 이재명은 대전환의 시대가 요청하는 더 많은 창조력과 용기를 집행할 것이다. 여야 어느 경쟁 후보에게서도 이재명보다 더 창조적이거나 더 용기 있는 사례를 나는 발견하지 못하고 있다.

둘째, 창조력과 용기를 현실화할 수 있는 '조직 운영의 기예'가 있어야 한다. 국정에서 늘 양날의 칼일 수밖에 없는 '관료 시스템'을 능숙하게 지휘하고, 적잖이 발생하는 이들의 '반발'을 제어하는 노하우가 축적된 대통령이 필요하다.

문재인 정부의 많은 성과에도 불구하고 어느 때보다 관료들의 문제점이 크게 드러나고 있다. 혹자는 인사 실패라고 규정하지만, 내 생각은 조금 다르다. 문재인 정부가 정치권력과 관료 권력의 담합을 끊어 내려 하면서 발생하는 문제로 보이는 것이다.

이명박·박근혜 정부는 정치-관료의 담합이 정점에 이르렀던 시기였다. 문재인 정부 들어 '문제적 관료'들의 '상실감'이 컸을 것으로 나는 짐작한다. 윤석열, 최재형 같은 이들이 아니더라도 관료들의 크고 작은 '반발'이 계속된 배경이다.

창조력·용기를 바탕으로 '관료 시스템' 능숙하게 지휘

문 대통령은 담합을 끊고, 시스템을 존중해 간섭하지 않았다. 그러자 일부 시스템이 권력을 사유화(검찰)하거나, 혹은 그 권력의 사용법을 자의적으로 해석해(기재부·감사원) 문제가 발생하곤 했다.

차기 정부는 이 담합을 온전히 해체한 뒤 한 발 더 나아가야 한다. 관료 권력의 사유화 및 자의성을 제어하고 정치권력의 공적 지향을 따르도록 하는 상벌 인센티브를 분명히 해야 한다. 이재명은 이 대목에서 타의 추종을 불허하는 '전문가'다. 성남시장과 경기도지사를 거치면서 훈련했고, 발휘했다. 그는 늘 '지휘력'을 강조한다.

셋째, 대의제 민주주의의 특성 중 하나인 '결정 유예'를 극복할 수 있어야 한다. 민주주의는 권력의 근거를 주권자들에게 평등하게 분배하는 체계다. 속도가 다소 느리더라도 일단 합의가 이뤄지면 구성원들의 수용성을 높여 사회 시스템이 지속 가능하도록 해야 한다.

문제는, 합의의 지체가 발생(대한민국 국회는 이 대목에서 특이한 우등생이다)하는 경우 대의 민주주의는 결정 유예에 빠질 수 있다는 점이다. 주권자들의 자발적 합의를 이끌어 내고, 이를 기초로 신속하고 강력한 집행력을 발휘한 사례를 이재명은 수차례 만들어 왔다.

대표적인 사례가 '경기 청정계곡 도민 환원사업' '대학 기숙사 코로나19 병상 확보' 같은 것이다. 결코 쉬운 일이 아니다. 민료 중심 합의라는 민주주의의 원칙을 지키면서도 결정 유예를 극복하는 '더 효율적인 민주주의'를 이재명은 해 왔고, 앞으로도 잘해낼 수 있다.

이 부분은 정당 혁신과도 연결된다. 대통령 중심제이지만 국회는 여전히 강력한 권한을 가지고 있다. 정당 혁신 없이는 국회의 결정 유예 극복이 아주 어려운 구조다. 정당 혁신의 가장 강력한 계기는 역사적으로 '새로운 대통령'이었다.

더불어민주당 혁신의 강력한 계기 또한 누가 대통령이 되느냐에서 출발할 수밖에 없다. '이재명 대통령'의 등장은 누구보다 강하게 정당 혁신, 민주당 혁신의 압력으로 작용할 수 있다.

경기도민에 청정계곡 돌려주며 '더 효율적인 민주주의' 길 제시

넷째, 크게 상승한 한국의 국격에 맞게 '세계를 이끌어 가는' 대통령이 등장해야 한다. 대한민국은 선진 국가들의 앞선 모델들을 탁월하게 응용해 오늘에 이르렀다. 개발도상국에서 선진국으로 도약했다. 문제는 앞으로다. 따라 배울 모델이 없는 것이다.

그래서 포스트 코로나 시대 차기 정부는 실험적일 수밖에 없다. 주권자의 합의를 이끌어 내기 위해서도 낯선 정책들을 내놓아야 한다. 또 실천해야 한다. 통상적인 정책은 대한민국의 현재 역량 내에서 해결 가능하다. 하지만 세계의 리더 국가로 발돋움하기 위해서는 그 이상의 정책이 필요하다.

기본소득, 기본주택, 기본자산 같은 이른바 '기본국가 시리즈' 정책들은 구미권 국가들조차도 가 보지 않은 길이다. 아예 낯선 것은 아니다. 조합원 수 8만 명에 이르는 스페인의 몬드라곤 협동조합이나 인구 3,000명 안팎인 마리날레다 같은 대안 공동체에서는 일부 성공 모델을 가지고 있다.

이재명은 국가적 차원에서 '대안'을 '현실'로 만들려 하고 있다. 마리날레다의 고르디요 시장과 이재명은 닮은 부분이 많다. 대다수가 실현 불가능한 이상이라며 주저할 때 이재명과 고르디요는 이미 실천을 시작하는 리더 유형이다.

새로운 시대는 이미 와 있다. 이 시대는, 불가능하게 보였지만 가능하게 만들어 낸, 꼭 필요한 일들을 개척해 온 '이재명 대통령'이 누구보다 잘 어울린다.

'기본국가 시리즈' 등 세계 리더 국가 발돋움시킬 역량 갖춰

다섯째, '성장과 공정' 두 개의 바퀴를 굴리는 정부가 필요하다.

저성장 체제는 국민들 간의 갈등을 증폭시킨다. 더 많은 사람들이 더 작은 파이를 두고 경쟁해야 하기 때문이다. 성장을 통해 경쟁압을 낮춰야 한다. 결코 피할 수 없는 시대적 과제다.

경쟁압이 낮더라도 불공정하면 미래가 없다. 특권 성장, 독식 성장은 갈등 비용을 높이고 사회적 신뢰도를 떨어뜨린다. 생산성과 효율은 더욱 낮아지면서 삶은 개선되지 않는 '남미 자본주의'로 가기 쉽다. 정부는 성장의 기초에서부터 공정을 작동시키는, 성장과 공정이 선순환하는 사회 시스템을 만들어 가야 한다.

지난 6월 19일 '성장과 공정 국회포럼' 창립식에서 이재명은 "지금 우리 사회가 과거보다 더 많은 자본, 더 높은 수준의 교육과 월등한 노동력, 안정적인 인프라를 가졌음에도 성장하지 못하고 정체된 것은 불평등과 불공정, 심각한 격차 때문"이라며 "공정은 역사를 통틀어 언제나 가장 중요한 공동체의 가치"라고 분명히 했다.

여섯째, 차기 정부는 새로운 시대에 복무하는 '권력 구조 개혁'을 완성시켜야 한다. 선수의 역량이 아무리 뛰어나더라도 심판이 편파적이면 경기를 승리로 이끌기 어렵다. 심판이 개입할 수 없을 만큼 선수 또한 '반칙' 없이 경기에 임해야 한다.

해방 직후부터 대한민국의 시민들은 나쁜 것, 낡은 것, 반민족적인 것들을 하나둘씩 청산하고 고쳐 왔다. 특히 1980년 5·18 광주민중항쟁과 1987년 6월 시민항쟁을 거치면서 군대를 중립화시켰고, 경찰을 민주화시켰다. 하지만 고치고 나면 숨어 있던 나쁜 것들이 다시, 계속 나타나 싸움을 멈출 수가 없었다. 지금은 이 싸움의 마지막 단계라 할 수 있다.

국민의힘 계열의 정당이 '보수' 진영을 대표해 왔었는데, 지금은 법조-언론 카르텔이 싸움의 전면에 등장했다. 심판이라고 생각했던 권력이 선수로 뛰고 있어 어느 때보다 벅차고 힘겨운 쟁투가 이어지고 있다. 민주 진영의 인적·정치적 손실도 계속되고 있다.

권력 구조 개혁 투쟁의 중요성은 인권 보호 같은 보편적 가치의 구현에 그치지 않는다. 이를테면 법과 언론의 심판 역할이 합리적일수록 옥석이 가려지게 되고 사회는 더 투명하고 건강해진다.

언론과 사법의 합리성이 여전히 오늘날의 강한 미국을 지탱해주고 있다는 점을 상기해야 한다. 권력 구조 개혁은 보편적 가치 수호뿐 아니라 '성장과 공정의 선순환'에 기여하는 실용적 과제기도 하다.

권력 구조 개혁에 따른 현재의 시끄러움을 비관할 것만은 아니다. 심판이, 사실은 선수였다고 드러내는 것은 '마지막 싸움'이라는 뜻이기도 하다. 이 싸움에는 어느 후보보다 이재명이 강하다. 이명박-박근혜 시절부터 권력 기관에 탈탈 털렸다. 공적 사적 모든 영역에서 끊임없이 검증받았다. 그럼에도 살아남아 여기까지 왔다.

언론-법조 카르텔 깨고 성장과 공정 선순환 이룰 적임자

일곱째, 아무리 더뎌도 '한반도 평화 체제 구축' 노력은 계속해야 한다. 두말할 필요 없이 평화는 최고의 경쟁력이다. 성공적인 K-방역이 보건 및 생명 안전에만 기여하는 게 아니라는 사실은 충분히 확인됐다.

K-방역이 코로나19 시대 최고 성장률(OECD 국가 중)을 견인했고, K-방역이 한국의 위상을 재정립하면서 세계 속 우리의 위치를 위로 끌어올리고 있다. 한반도 문제도 마찬가지다. 평화는 안보, 생명, 민족의 동질성 회복에 기여한다. 동시에 더 큰 대한민국, 더 강한 한민족으로 나아가는 데 든든한 토대를 제공해 줄 수 있다.

한반도 문제는 한 사람의 정치인으로서는 접근하기 어려운 영역이다. 어떻게 준비하고 있느냐가 가늠자가 될 수밖에 없다. 남북평화협력지방정부협의회, 2021DMZ포럼, 경기평화선언문 등이 최근 한꺼번에 쏟아진 이재명 주도의 한반도 평화 체제 구축 노력들이다.

경기지사 임기 시작부터 4·27 판문점선언의 정신을 담아 3년 가까이 준비한 끝에 내놓은 성과들이다. 눈여겨볼 대목은 이 같은 성과를 함께 이끌어 낸 사람, 지자체, 사회단체 등의 넓이와 깊이가 상당하다는 점이다. 민주 정부 고유의 유전자라 할 수 있는 한반도 평화 체제 구축 노력에도 이재명이 월등하다.

민주·진보 진영 숙제 마무리할 차기 대한민국 대통령

창조력과 용기, 관료 시스템의 효율적 지휘, 결정 유예 극복, 세계적 리더 국가로 도약, 성장과 공정의 선순환, 권력 기관 개혁, 한반도 평화 체제 구축… 일곱 가지가 차기 정권의 중심 과제이며, 이 과제 수행에 이재명이 적합하다고 나는 이야기했다.

차기 정권의 과제와 이재명의 적절성을 결부하는 접근 방식으로 이 기고문을 썼다. 시대의 필요와 요구, 즉 시대정신의 구현에 가장 적합한 인물로서 이재명을 말하는 일종의 '리더론'이다. 집값 안정, 청년의 어려움, 젠더 평등, 교육 개혁 등 세부적인 '정책론'은 향후 대선 국면에서 다시 발표 기회를 갖게 될 것이다.

문재인 정부 4년, 참으로 많은 일을 했고 또 많은 일들이 아쉬움으로 남아 있다. 민주당 국회의원으로서 남은 임기 동안 최선을 다해 우리가 해야 할 일들의 마무리를 뒷받침하겠다. 그럼에도 남은 일들은 생기기 마련이다. 이 일들을 제대로 매듭짓기 위해 이재명을 중심으로 한 민주 정부 재창출에 힘을 보태고 있는 중이다.

이미 다가온 '새로운 시대'를 가장 잘 활용할 수 있는 사람, 오래 전부터 추진해 온, 그러나 여전히 부족한 민주·진보 진영의 숙제를 마무리해 갈 수 있는 차기 대한민국 대통령으로 이재명이 제일 유용하다는 입장을 거듭 밝힌다.

기고문에 실은 일곱 가지 이유는 지금도, 그리고 앞으로도 당분간은 유효하다고 생각한다. 윤석열 정부가 정치 보복과 사익 챙기기로 국정을 운영하고 있는 만큼 '시대의 요청'은 여전히 실현되지 않았기 때문이다.

6
언론, 검찰 정부의
최대 협조자 혹은 공동 정부

먼저 『한겨레』 기사 한 꼭지를 소개한다. 밑줄은 필자가 그 었다.

민주 "오염수 방류 안 돼" 부산서 집회 … 국힘 "제2 광우병 괴담"

일본이 올여름 후쿠시마 원전 오염수를 바다에 방류하겠다고 예고한 가운데 더불어민주당이 오염수 방류에 반대하며 본격적인 장외 투쟁에 나섰다. '2021년 전당대회 돈 봉투 의혹'과 탈당한 김남국 의원의 '가상자산(암호화폐) 투기 의혹' 등 각종 악재로 촉발된 위기를 반대 여론이 높은 후쿠시마 원전 오염수 방류 이슈로 돌파하려는 의도가 깔린 것으로 보인다. 국민의힘은 이런 민주당의 움직임을 두고 "광우병 시즌2"라고 맞불을 놓았다.

김기현 국민의힘 대표는 4일 이재명 민주당 대표를 겨냥해 "'개딸' 같은 팬덤을 제외한 상식을 가진 대다수 시민은 차가운 시선을 보내고 있다"며 "민주당의 머릿속에는 '어떻게 하면 현 정부를 흔들까' 하는 당리당략에서 비롯된 선전·선동 의지만 가득 있는 것 같아 참으로 안타깝다"고 말했다. 전날 이 대표가 부산에서 열린 '후쿠시마 원전 오염수 방류 반대 영남권 규탄대회'에 참석한 것을 겨냥한 발언이었다.

이 대표는 3일 민주당 영남권 시도당 공동 주최로 열린 규탄집회에 참석해 "윤석열 대통령은 '오염수 방출은 절대 안 된다'고 천명하고 철저한 안전 검증을 시행하라. 국민의 권력을 위임받은 대리인이니 일본의 방류에 강력하게 항의하라"고 했다. 같은 당 서영교 최고위원은 "대한민국 대통령은 뭐 하는 사람인가. 대한민국 국민까지 방사능에 오염시키려고 하는데 이런 작자가 대통령 자격이 있는가. 우리가 윤석열을 심판하자"고 말하기도 했다.

여야는 서로의 주장을 '괴담'이라고 몰아세우며 공방을 벌이고 있다. 이재명 대표는 규탄집회에서 국민의힘을 겨냥해 "핵폐기물을 '처리수'라고 괜찮은 것처럼 괴담을 퍼뜨리는 자들, 국민들을 속이고 국민이 맡긴 권력을 자신들 집단의 이익을 위해 남용하는 자들"이라고 목소리를 높였다. 이에 유상범 국민의힘 수석대변인은 4일 논평을 내어 "국민께서는 민주당이 후쿠시마 오염수 문제를 '제2의 광우병 괴담'으로 만들어 또다시 국민을 갈라치기 하고 자

신들의 죄를 덮어 보려 하는 것을 너무도 잘 알고 계신다"고 했다.[8]

『한겨레』 데스크가 아무런 문제의식 없이 이런 기사를 내보냈다는 점이 충격이다. 사실을 전하는 스트레이트 기사 형식인데, 기사의 노림수는 '이재명 대표와 민주당 까기'이다. 첫 문단부터 가관이다. 기자는 "~보인다"라는 어법으로 후쿠시마 원전 오염수 방류 반대를 위한 더불어민주당의 장외 투쟁을 '민주당 악재 돌파용'으로 규정하고 있다. 이런 식이라면 정당의 어떤 이슈 투쟁도 모두 '악재 돌파용'이 되어 버린다.

기사에도 쓰여 있듯이 후쿠시마 원전 오염수 방류는 "(국민들의) 반대 여론이 높"다. 단순히 높은 정도가 아니다. 대한민국 어민들의 생존이 걸려 있고, 국민 건강과도 직결되는 문제다. 이러한 이슈를 놓고 투쟁하고 있는 것조차 '민주당의 위기 돌파용'이라고 하면, 도대체 어떤 정치 투쟁이 '순수하다'고 인정받을 수 있을까.

사실을 전하는 스트레이트 기사라 하더라도 거기에는 보도하는 기자의 '의견'이 담겨 있다. 사설이나 칼럼이 명시적으로 의견을 전하는 데 반해 스트레이트는 '인용'을 통해 의견을 밝힌다. 대개 마지막 문단이 기사의 의견으로 처리된다. 『한겨레』 기사의 마지막 문단을 보면, 후쿠시마 원전 오염수 방류조차도 '여야 공방'이며, "민주당이 자신들의 죄를 덮어 보려 하는 것"

이 된다. 만약 순수하게 사실만 전하는 스트레이트 기사라면 첫 문단의 "~는 의도가 깔린 것으로 보인다"라는 기자의 추측성 발언은 없어야 옳다.

굳이 『한겨레』를 장황하게 인용하는 이유는 두 가지가 있다.

첫째는 『한겨레』가 일종의 '기준' 역할을 하기 때문이다. 후쿠시마 원전 오염수 방류를 둘러싼 여야의 공방을 『한겨레』가 이렇게 보도한다는 것은, 이른바 조중동은 훨씬 더 국민의힘 입장에서 '민주당 까기'의 방향으로 보도한다는 걸 의미한다.

둘째는 이 글과 관련해 '개딸'을 소환하는 김기현 대표의 발언이다. 이 발언을 통해 짐작할 수 있는 것 중 하나는 더불어민주당의 모든 문제를 '개딸'로 환원하려는 태도다. 왜 그럴까. 답은 간단하다. 개딸이 이재명 대표와 연결되어 있기 때문이다.

개딸에 대한 문제의식을 보도한 『한겨레』의 기사는 아주 많다. 그중 현직 정치인들의 말을 인용한 것을 살펴보니 그 말의 주인들이 박지현(2023. 3. 27), 조응천(2023. 5. 25), 이원욱(2023. 8. 9) 의원 등이다. 이분들은 그 행태만으로 봤을 때 일관되게 이재명 대표의 정치에 '반대'해 온 이들이다. 상징적으로 말하자면, 민형배나 김용민 의원에게 『한겨레』는 묻지 않았다. 다른 언론들도 마찬가지다.

수많은 사안들에 대해 이런 식의 기사들이 차고 넘친다. 사실 전달을 가장한 의견 끼워 넣기이다. 유튜브 등 디지털 매체로 오면 더불어민주당이나 국민의힘 어느 한쪽의 입장에 선 '언론'들이 고르게 편재되어 있다. 비교하여, 이른바 레거시 미디어들은 대체로 국민의힘 혹은 윤석열 정부의 입장을 과잉 반영한다. 이렇게 생산된 기사들이 포털사이트에 도배된다.

『한겨레』마저 이러니 다른 언론은 오죽하겠느냐는 사례로 기사를 인용했다. 꼭 더불어민주당 편을 들어야 한다는 주장이 아니다. 적어도 근거 없는 추측성 발언은 삼가야 하고, 인터뷰 대상도 다양화해야 한다는 것이다.

윤석열 정부를 '검찰 정부'라고 부른다. 대통령이 검찰총장 출신이어서 그런 것만은 아니다. 국정 운영의 원리, 방법, 주체, 조직 등이 모두 '검찰'이다.

사안이 발생할 경우 해결을 위한 첫 단추는 해당 사안의 위법성부터 따진다(원리). 위법성이 확인되면, 아니 위법하다고 무조건 규정하고 나서 관련 대상을 찾아 곧바로 압수수색에 들어간 후 구속영장을 청구한다(방법). 이러한 행위를 집행하는 기관은 검찰이고, 판단과 지휘는 대통령실과 법무부 장관이 한다(주체). 국정 전 사안에 대해 이 같은 방식을 관철시키려는 속셈인지 대통령실, 내각, 각종 산하 기관에 검사 출신들을 대거 포진시켰다(조직).

때문에 "윤석열 정부 1년은 '검사의 나라'가 만들어져 가는 한 해"였고 "'검사 동일체'의 논리가 검찰 조직을 넘어서 대통령실과 법무부, 그 외 정부 기관은 물론 사회 전반을 관통하는 통치의 문법으로 자리 잡'았다는 참여연대의 주장은 타당하다.' 이 같은 '검찰 정부'의 최대 협조자는, 사실상 '공동 정부'라 해도 이상하지 않은 카르텔의 일원은 '언론'이다. 모든 언론이 그런 건 아니지만, 다수 언론이 그렇다는 건 부인할 수 없다. 이 사례 또한 멀리 갈 것 없다. 이재명 당대표 건을 다시 살펴보자.

이재명 더불어민주당 대표가 '쌍방울 불법 대북 송금 사건'으로 지난 9일 수원지검에서 조사를 받을 당시 "이화영 전 경기도 평화부지사가 나 몰래 독단적으로 대북 사업을 추진했다"면서 자신이 받는 혐의 대부분을 이화영 씨에게 미룬 것으로 11일 전해졌다. 이 대표는 "이화영이 (쌍방울에서) 돈 받아먹은 것을 알고도 내가 그런 사람을 썼겠느냐"고도 말했다고 한다.

『조선일보』 2023년 9월 12일 자 보도다. 기사 제목은 "이화영에 떠넘긴 이재명 '나 몰래 독단적으로 대북사업 추진' … 쌍방울 사건 검찰 조사서 혐의 부인"이다. 이재명 대표가 '쌍방울 사건'으로 1차 조사를 받은 때는 9월 9일이다. 이때 이 대표가 한 말을 『조선일보』가 "~말했다고 한다"라는 형식으로 전하고 있다. 여기에는 두 가지 심각한 문제점이 있다.

첫째, 9월 9일 1차 조서의 내용을 『조선일보』는 어떻게 알 았을까. 『조선일보』의 명민한 취재력을 말하는 게 아니다. "~말 했다고 한다"라는 건 누군가로부터 전해 들었다는 것인데, 그 누군가가 누구냐는 것이다. 두말할 것도 없이 '검찰'일 수밖에 없다. 검찰 조사에서 한 말은 검찰 말고는 알 수가 없기 때문 이다. 이에 대해 이 대표 변호를 맡은 박균택 변호사는 "그 검 찰 간부에 대해서 공무상 기밀 누설, 그 다음에 피의 사실 공 표, 허위 사실 적시에 의한 명예훼손 세 가지 죄명으로 구두 고 발을 지금 하고 나오는 길입니다"라고 밝혔다.

둘째, 9월 9일 1차 조서의 진술 내용에 대해 이 대표는 서 명 날인을 하지 않았다. 검찰이 기록한 조서에 본인의 진술 취 지에 맞지 않는 내용이 담겨 있었을 것이다. 이 경우 진술인은 조서 내용 수정을 요구할 수 있고, 대체로 받아 준다. 어떻게 된 영문인지 1차 조서에서는 검찰이 수정 요구를 받아 주지 않 았다. 그래서 이 대표는 서명 날인을 하지 않고 나왔다(이후 9월 12일 2차 조사에서 서명 날인을 했다). 서명 날인을 하지 않았다는 건 조서 내용이 내가 한 말로 인정할 수 없다는 것이다. 결국 1차 조사를 전언으로 인용한 『조선일보』의 보도 내용은 이 대 표가 날인하지도 않은 내용을 가지고 보도한 셈이다.

1차 조사에서 이 대표는 왜 서명 날인을 하지 않았을까. 박 균택 변호사는 2차 조사를 마치고 나오면서 그 이유를 밝혔다.

박 변호사는 1차·2차 조사에 입회, 배석해 조사의 전 과정을 들었다.

"첫째, 1차 조사에 대해서 서명 날인을 하지 않았습니다. 진술의 취지가 제대로 반영이 안 된 부분이 있었기 때문입니다. 대표적인 것이 저런 거죠. 이화영 부지사가 북한에 쌀을 10만 톤을 이렇게 지원하기로 한다는 의사 타진을 한 부분이 있는데, 그걸 이재명 대표께서 황당하다는 표현을 사용한 적이 있죠. 그것은 부지사가 황당한 짓을 했다, 내 책임이 아니다, 그런 의미가 아니고 그게 말이 되느냐, 그런 일이 설마 있었겠느냐, 이 상황 자체가 좀 황당하다라고 이렇게 말씀을 했는데 그게 조서에 좀 잘못된 부분이 있고, 조선일보와 또 한국일보를 보니까 마치 이재명 대표님이 아랫사람에게 책임을 떠넘기는 부도덕한 인물인 것처럼 그렇게 묘사를 해 놨어요."[10]

간단히 정리하자면 이렇다. 조사 과정에서 이 대표는 검찰의 질문이 "황당하다"는 답변을 했다. 검찰의 질문은 이화영 부지사가 독단적으로 북한에 쌀 10만 톤을 지원하기로 하면서 당시 이재명 도지사에게 의사 타진을 한 것 아니냐는 것이었다. 이 대표의 "황당하다"는 답변은 검찰의 질문이 "황당하다"는 것이었다. 그런데 서명 날인을 하기 전 조서 내용을 보니까 "이화영 부지사가 한 짓이 황당하다"는 취지로 적혀 있었던 것이다. 그래서 수정을 요구했으나 받아들여지지 않자 날인을 하지 않은 것이다. 그런데도 『조선일보』는 날인도 하지 않은, 결국 이 대표가 하지도 않은 말을 전해 들은 형식으로 보도를 했다. 왜 그랬을까.

이재명 대표가 2차 조사를 받던 날 이화영 부지사의 공판이 있었다. 〈김어준의 겸손은 힘들다 뉴스공장〉에서 김어준은 "근데 그게 아니라는 말을 지금 하는 건데 조선일보가 왜 이걸 기사를 이렇게 냈을까요? 이화영 부지사의 공판이 어제(12일) 있었거든요. 이화영 부지사가 있는 자리에서 이 기사를 보여주면서 이화영 당신은 배신당했어. 그러니까 지금 진술을 뒤덮어. 이재명을 보호할 때가 아니야. 그걸 하려고 이 언론 플레이를 이렇게 한 거예요"라고 추측했다. 나는 김어준의 추측이 합리적이라고 본다. 관련해 좀 더 살필 부분은 조사 날짜다.

이재명 대표에 대해 검찰은 9월 9일 1차 조사, 9월 12일 2차 조사를 진행했다. 검찰의 계산에는 9일 1차 조사를 통해 12일 공판에서 이화영 부지사를 압박할 근거를 찾으려 했을 것이다. 근거가 찾아지지 않으니 "황당하다"는 말의 취지를 왜곡하면서까지 근거를 확보하려 했다. 이 대표가 서명 날인을 하지 않으니, 본인들로서는 당황했을 것이다. 만약 서명 날인을 했다면 그 즉시, 또는 늦더라도 다음날인 10일에 기사가 나갔을 것이다. 기사는 12일 새벽 4시 7분에 출고되었다. 이화영 부지사의 공판은 12일 오전에 있었다. 고심(?) 끝에 『조선일보』가

공판 전에 내보낸 것으로 추측된다. 『조선일보』 보도로 검찰이 공무상 기밀을 누설했고, 피의 사실을 불법적으로 공표했고, 허위 사실을 특정 언론에 제공했음이 드러났다. 한마디로 검찰과 일부 언론이 '이재명 죽이기 공작'을 벌인 것이다.

2023년 9월 12일 2차 조사를 마치고 이재명 대표는 이렇게 말했다.

"오늘 왜 불렀는지 모르겠습니다. 역시 증거는 하나도 제시하지 못했고 그런 형식적인 질문을 하기 위해서 두 차례나 이렇게 소환해서 신문하는 게 도저히 납득이 되지 않습니다. 사실이 아니니 증거라는 게 있을 수가 없고 그러다 보니 의미 없는 문서 확인을 하거나 이런 걸로 이 아까운 시간을 다 보냈습니다. 아무리 검사가 집권을 했고, 검찰이 지배하는 나라가 됐다 해도 총칼로 사람을 고문해서 사건 조작하던 그거를 이제는 특수부 검사들 동원해서 사건 조작하는 걸로 바뀐 것밖에 더 있겠습니까. 사필귀정입니다. 잠시 억압하고 왜곡 조작할 수 있겠지만 오래가지 못한다 이 말씀 드립니다."

주석

1 강준만, 「[강준만의 직설] 'DJ의 오·남용'을 자제하자」, 『UPI뉴스』, 2022. 8. 29.; 강준만, 「[강준만 칼럼] 정권 장악을 위해 착취당하는 호남」, 『한겨레』, 2023. 1. 8.; 강준만, 「[강준만의 회색지대] "자치가 진보"라던 민형배의 이해 못할 '순교자 정치'」, 『신동아』, 2022. 8. 17.

2 조혜선, 「'5·18 왜곡 시' 최진석 "자기 편이면 독재여도 상관없냐"」, 『동아일보』, 2020. 12. 21.

3 민형배, 「[민형배의 정치상상] 주권자 눈치 보는 검찰을 위하여」, 『광주매일』, 2017. 2. 14.

4 정대하, 「지방검사장 주민 직접 선출 담은 '검찰청법 개정안' 발의」, 『한겨레』, 2021. 2. 3.

5 신주영, 「'딸' 사라진 '개딸' … 이재명 강성 지지층 상징, 출발부터 현재까지」, 『경향신문』, 2023. 3. 28.

6 박상훈, 『혐오하는 민주주의』, 후마니타스, 2023, p. 20.

7 위의 책, p. 306.

8 이우연, 「민주 "오염수 방류 안 돼" 부산서 집회 … 국힘 "제2 광우병 괴담"」, 『한겨레』, 2023. 6. 5.

9 참여연대 사법감시센터, 『검사의 나라, 이제 1년』, 참여연대, 2023, p. 4.

10 박균택 변호사의 육성 녹음, 『김어준의 겸손은 힘들다 뉴스공장』, 2023. 9. 13.

제4장

민주당

1
수도권 정치 과다 대표,
호남 정치 과소 대표

"한 나라가 가진 통치 제도의 성격을 가늠해 보는 지름길은 그 안에서 작동하는 정당 체계를 살펴보는 것이다. (…) 현실에서의 민주주의는 인민들이 둘 또는 그 이상의 정당들을 놓고 선택권을 행사하게 되는 정치 제도다."[1]

"만약 사회의 갈등하는 이해 집단들의 소리가 조직되고 대표되지 않는다면, 그것이 이루어지는 정치의 장이 개방되지 않는다면, 사회적 약자나 시장에서의 열패자들을 포함해 보통 사람들은 정치적으로 대표될 수 없고 그들의 권익을 실현할 수 있는 방법도 역시 없다. 민주주의에서 이런 역할을 하는 중심적 제도가 바로 정당이다. 즉 민주주의란 한 공동체 내에서 공적 결정을 만드는 틀이고, 그 민주주의에 내용을 불어넣고 만드는 것이 복수의 정당이라는 것이다."[2]

민주주의 정치 제도에서 정당은 중요하다. 너무도 중요하다. 그 중요성을 강조하기 위해 미국과 한국의 권위 있는 정치학자인 에릭 샤츠슈나이더와 최장집의 발언을 인용했다.

정당의 중요성을 가장 직관적으로 이해할 수 있는 사례는 대통령 선거이다. 민주화 이후 한국 대통령 선거의 당선자는 예외 없이 정당의 후보였다. 무소불위 철권을 휘둘렀던 독재자 박정희조차도 공화당이라는 정당의 외피가 필요했다. 민주주의 정치 제도를 겨우 '흉내' 내는 데도 정당이 필요했다는 것인데, 민주주의가 정착한 이후 정당의 중요성은 아무리 강조해도 지나치지 않는다.

한국 사회에서 정당에 대한 인식은 이중적이다. 정치 모리배들의 집합소, 선거를 통한 관직 추구, 권력의 사유화를 위한 통로 등 매우 부정적인 시각이 있다. 관료 집단, 기업 조직, 시민사회단체, 법조, 언론 등 우리 사회의 어느 '조직'보다 정당은 형편없는 조직으로 평가받고 있다. 그럼에도 주권자의 투표는 철저하게 '정당 귀속성' 성향을 드러낸다. 정당을 그토록 혐오하면서도 선거 행위는 정당을 중심으로 이뤄지는 것이다. 정당을 혐오면서도, 다른 한편으로는 정당을 중심으로 정치적 의지를 강하게 드러내는 이중적 속성 안에 한국 정치의 절망이, 그리고 희망이 동시에 담겨 있다.

정당 혐오의 기원을 나는 '정치 바깥'이라고 본다. 혐오의 출처로서 '정치 안쪽'의 책임이 작지 않다. 하지만 그것이 전부이지는 않으며, 중심적 근거는 아니라는 게 내 주장이다. 국회의원들의 몸싸움이나 해머까지 동원하는 폭력, 권력형 비리, 선거 과정에서 드러난 공천의 난맥상 등이 '정치 안쪽'에서 만들어 내는 정당 혐오가 될 것이다.

정당 혐오를 양산하는 대표적인 '정치 바깥'의 세력은 언론이다. 알다시피 한국의 언론은, 극히 일부 언론을 제외하고는 '언론 기업'이 아니다. 특정 '기업의 언론'이다. 그래서 철저히 모기업의 이익을 중심으로 보도한다. 모기업의 이익이라는 것을 정치적으로 환원시키면, 수구 정당[3]을 옹호하는 방향으로 보도하는 것이다. 문제는 언론들이 아무리 옹호하더라도 수구 정당의 정치 행태가 처참할 정도로 형편없다는 점이다. 그토록 형편이 없어도 일관되게 옹호해 주니 수구 정당은 더욱 망가진다. 옹호와 망가짐의 악순환이 계속되면서 수구 정당은 진화하지 못하고, 오히려 퇴행하면서 주권자들에게 '정치 혐오'만을 잔뜩 안긴다. 더불어민주당을 대하는 언론의 태도는 수구 정당과는 정반대다. 수구 정당의 들보를 감추면서 더불어민주당의 티끌을 찾아내어 세상이 무너질 것처럼 '비판'하는 것이 한국 언론들이 날마다 하고 있는 일이다.

더불어민주당이 100점짜리 정당이 아니라는 것쯤이야 나도 잘 알고 있다. 지구상 어디에도 100점 만점인 정당은 없다. 정당 또한 시대의 산물이고, 주권자 의지의 반영이다. 정당 간 경쟁이라는 민주주의의 특성상 정당에 매기는 점수는 상대적일 수밖에 없다. 시대의 한계를 고려해 적절히 점수를 매겨 줄 때 뒤처진 정당이 '앞으로' 나아가려 할 것인데, 지극히 편파적으로 점수를 매기니 뒤처진 정당은 뒤처진 줄 모른다. 나름대로 주권자 의지를 민주적으로 수용하려는 정당은 '만들어진 여론'에 밀려 좋은 것들을 포기하거나 유보하는 소극적 태도를 취하게 된다. 국민의힘이 한없이 거침없는 이유, 더불어민주당이 언제나 대체로 소극적인 이유가 이처럼 '기울어진 언론 운동장'에서 발생한다. 이 대목에서 정치 혐오는 배가된다. 국민의힘이나 더불어민주당이나 그 밥에 그 나물이라는 정치적 허무주의로 뒷걸음질한다.

국민의힘이나 더불어민주당이 정말로 그 밥에 그 나물일까. 여러 가지 판단 재료가 있겠지만, 하나만 이야기하자. 국민의힘은 자신들의 정당이 배출한 대통령 사진을 당사에 걸지도 못하고 있다. 대통령 후보를 내부에서 찾지도 못하고 외부에서 영입해 선거를 치르는 정당이 국민의힘이다. 그렇게 해서라도 '윤석열 정부'를 탄생시켰으니 국민의힘이 더 유능한 정당이라는 주장도 가능하기는 하다. 대통령 당선 하나만을 돋보기로 비춰 보면 틀린 주장도 아니다. 다만, 그 당선에 동원된 카르텔을 감안하면 '국민의힘'만으로 윤석열 정부를 만든 것이 아니라는 점은 누구라도 알 수 있다. 지난 대선은 수구 카르텔(국민의힘 + 법조 + 언론 + 대기업) 전체 대 더불어민주당의 구도였다. 이 카르텔을 극복하지 못한 책임이 더불어민주당에 있는 것까지는 부인할 수 없다. 하지만 패인을 분석하는 데 "언론 탓 하지 마라"는 말은 옳지 않은 훈계다. 분석의 요인으로 '언론 탓'은 꼭 필요하다. 오죽하면 최장집 교수가 "누군가 나에게 한국 정치는 누가 움직이느냐고 질문한다면, 한국 정치는 언론이 움직인다고 말할 것이다"[4]라고 단언했겠는가.

"정치는 정당에 의해 주도되기 이전에 언론에 의해 틀이 짜인다. 정책 어젠다와 이슈를 설정하는 것도 언론이다. 대통령에서부터 국회의원, 장관에서부터 정치 참모와 고급 관료의 일이란 심하게 말하면 언론의 보도에 따라 자신의 역할을 맞춰 가는 것이다. 기껏 이들이 내리는 결정이란 언론이 그 결정을 어떻게 평가할 것인가에 대한 예상 위에서 이루어진다. 그만큼 정부의 업적, 정당의 업적, 정치인과 관료 개개인의 업적을 평가하는 언론의 가능은 막강하다고 할 수 있겠다."[5]

최장집 교수와 나의 진단은 동일하다. 다른 점은 "정부의 업적, 정당의 업적, 정치인과 관료 개개인의 업적을 평가하는 언론의 기능은 막강하다"라는 말 뒤에 나는 "문제는 그 막강함이 매우 편파적으로 발휘된다"는 말을 첨언할 것이다. 최장집은 국민의힘과 더불어민주당을 보수 정당이라는 하나의 틀로 묶는 반면,[6] 나는 국민의힘과 더불어민주당을 아주 이질적인 정치 집단으로 분리하고자 한다.

2023년 현재 한국의 대표적인 정당은 더불어민주당, 국민의힘, 정의당 셋이다. 통상적으로 국민의힘은 '보수', 더불어민주당은 '보수 + 진보', 정의당은 '진보'로 분류한다. 나는 이 분류법에 부분적으로만 동의한다. 두 가지 이유에서다.

이념적으로 볼 때 더불어민주당은 '보수 + 진보' 연합이다. 그런데 국민의힘을 '보수'라고 부를 근거는 찾을 수가 없다. 한편으로, 정의당을 '진보'라고 분류할 근거가 없는 것은 아니나 이번 국회 들어 정의당의 여러 정치 행위들은 계급에 기초하기보다 '경쟁 공학'에 더 집착했다는 인상을 지울 수가 없다. 대선 국면부터 정의당의 주요 공격 목표는 더불어민주당이었고, 그 공격의 내용이 계급에서 기인한 것은 아니었다. 정의당 고유의 정치 행동에서도 정의당이 관심을 가졌던 영역은 새로운 정치 시장 영역, 즉 젠더나 세대 같은 곳이었다. 이게 문제라고 말하는 건 아니다. 지지 기반을 넓히려는 건 정당의 자연스러운 운동력이고, 마땅히 그래야 한다. 다만, 이것을 '진보'라고 할 수 있느냐는 문제의식이 있다. 더불어민주당도 국민의힘도 내용은 다를지언정 지지 기반을 넓히려는 노력은 정의당 못지않게 하고 있다. 진보란, 지금은 일반화되지 않은, 그러나 우리가 꼭 이루어야 할 미래 가치를 찾아 어젠다로 삼는 일인데, 과연 정의당이 그러고 있는지 의구심이 든다.

한국의 정당 분포를 설명할 간결한 언어는 찾지 못했다. 간략한 분류는 가능하다. 지방자치와 한반도 평화 분야에서 더불어민주당은 독보적인 성과를 거뒀다. 아직 정당한 평가를 받지는 못하고 있지만, 문재인 정부 외교의 일반적인 성과 또한 역대 정부의 한계선을 넘어선 것으로 본다. 정의당이 어느 정당보다 '노동 있는 민주주의'에 정치력을 쏟은 것은 분명하다. 아쉬운 점은 더불어민주당과의 '차별화'에 과몰입한 나머지 민주주의 일반의 정치 행위에서는 갈지자 행보를 보여 왔다는 것이다. 정의당이 '한반도 평화'에 그다지 관심이 없는 점도 '진보'라 부르기에 주저되는 점이다.

최근에는 옛 통합진보당(현 진보당) 세력의 약진이 눈에 띈다. 지난 지방선거를 기점으로 부활의 신호탄을 쏘아 올린 것으로 보인다. 진보당은 더불어민주당과 불필요한 경쟁을 피하면서 힘을 빼지 않고, 한반도 평화 분야에서 더불어민주당보다 좀 더 과감한 마인드를 갖고 있다. 이런 점들을 감안하여 나는 내년 총선이 국민의힘과 더불어민주당이라는 양당 체제를 골격으로 정의당과 진보당이 소수 의석이라도 확보해 수구(국민의힘 등), 보수(더불어민주당 등), 진보(진보당·정의당 등)의 '다당제' 구도를 창출할 것으로 내다보고 있다.

한국 정치에서 더불어민주당은 가장 '복잡한' 정당이다. 한국의 주요 정당들이 갖고 있는 특징을 더불어민주당은 그 내부에 모두 지니고 있다. 그러니까 국민의힘의 보수·우파적 성격, 정의당·진보당의 진보·노동적 성격,[7] 진보당의 한반도 평화 및 통일 감성 등이 더불어민주당 안에 모두 녹아 있다. 더불어민주당 안에 녹아 있다는 것은 더불어민주당 소속 국회의원 개개인의 특성으로 모두 환원시킬 수 있다는 뜻이기도 하다.

더불어민주당은 또한 통상의 정당 이론이 개념화한 대중 정당, 이념 정당, 혼합 정당, 선거 정당의 특성을 모두 가지고 있다.[8] 사안에 따라, 정세에 따라, 시대의 분위기에 따라 하나의 특성이 나머지들의 우위에 서서 더불어민주당 정치가 외화하곤 했다. 예컨대 생활 정책과 관련해 더불어민주당은 대중 정당의 면모를 드러내고, 당원 및 선출직의 인적 구성은 혼합 정당이라 할 만하다. 한반도 문제에서는 이념적 지표가 분명하고, 선거에 임해서는 이합집산이 현란하다.

이 같은 더불어민주당의 특성은 정책 결정, 정치적 쟁투 과정에서 '유연성'을 보여 주기도 하고 '결정 장애'로 드러나기도

한다. 유연성이 발휘될 때 더불어민주당을 비롯한 민주당 계열은 승리했고, 결정 장애를 드러낼 때 패배했다. DJP연합, 노무현 대통령 후보를 가능케 했던 국민 참여 경선은 유연성을 증거하는 사례다. 조국·추미애 장관이 검찰과 싸울 때, 이재명 대표 체포 동의안을 눈앞에 두고 더불어민주당은 전형적인 '결정 장애' 정당의 모습을 보였다.

오늘 더불어민주당의 모습은 검찰과의 싸움에서 밀린 결과다. 한두 번이 아니고 무려 다섯 차례 굵직한 패배가 있었다. 표면적으로는 여러 가지 정치 과정들이 오늘을 빚었다고 보는 게 일반적이겠으나, 이면에는 검찰의 공격 혹은 침탈을 방어하지 못한 것으로 읽힌다. 이를테면 검찰의 쿠데타가 진행 중인데 민주당은 인지하지 못하거나 제어하지 못한 채로 오늘에 이르렀다. 검찰에 대한 인식이 너무 안이했고, 의지는 부족했으며, 설령 의지가 발현되려 할 때에도 특유의 결정 장애로 타이밍을 놓쳤다. 선거에서 진 것이 현상이었다면, 권력 의지의 상실은 본질이다. 민주당은 검찰과의 싸움에서 번번이 패배했던 것이다.

나는 그 첫 번째 싸움을 이른바 '조국 사태'로 본다. 민정수석을 하던 조국이 법무부 장관 후보로 내정(2019. 8. 9)된 때는 내가 총선에 출마하기 위해 청와대를 나오려 하던 시점이다. 인사청문회를 앞두고 이른 새벽 기습적인 압수수색이 이루어졌을 때 나는 '아, 검찰의 준동이 시작됐구나' 하고 경악했다. 그런데 당시의 공격은 너무 뜻밖이었다. 대통령 인사권에 대한 도전이었고 국회 인사청문회를 앞둔 시점이었기 때문이다. 나는 비서관 여럿이 모인 자리에서 박상기 법무부 장관의 즉각적인 수사 중단 지휘를 주문했다. 이 상황을 중지시키고 검찰을 제어할 유일한 방법은 당시로서는 그 방법밖에 없었다. 일부 반응이 놀라웠다. 오히려 검찰의 이번 수사로 조국 후보자의 의문점들이 말끔히 해소될 거라는 기대마저 감지됐다. 기가 막혔다. 검찰을 몰라도 이렇게 모를 수가 있단 말인가. 법무부 장관이 수사 지휘를 하면 틀림없이 검찰은 반발할 것이고, 반발하는 의미로 검찰총장이 사표라도 내면 즉각 수리해야 한다고 생각했다. 검찰총장에 대한 수사 지휘를 통해 검찰의 난동을 중단시켰어야 했다. 그것은 검찰의 쿠데타를 초기 진압하는 것과 마찬가지 의미였다. 조국 사태를 수습하지 못한 청와대와 민주당은 앞으로 이 효과가 어떻게 전개될 것인지 예측조차 못했던 것 같았다. 설령 예측했더라도 그렇게까지 치달을 줄은 몰랐던 것 같다.

두 번째 검찰을 제어할 기회는 180석을 얻고 나서 열린 더불어민주당 검찰개혁특위(2020년 12월 29일 발족) 과정이었다. 이때도 검찰 수사권 완전 분리부터 부분적인 수사권 축소까지, 검찰 조직 운영 전면 개혁부터 부분적 손질까지 다양한 방안이 나왔으나 더불어민주당은 실질적으로 아무것도 하지 못했다. 원론적인 이야기들은 풍부했으나 실행된 건 없었다. 당시 내가 가장 놀라웠던 것은 이미 검경 수사권 조정에 따라 입법이 이뤄졌고, 그 시행일이 2019년 9월 10일이라 1년이 지난 뒤인데도 검찰 조직은 어떠한 변화도 없었다는 사실이다. 수사 건수만으로 보자면 98%가 줄었고, 경찰이 수사 개시 및 종결 권한까지 가지게 되었으면 그에 따른 검찰 조직 변화는 불가피했을 것이다. 그러나 검찰은 어떠한 조직 변화도 전환도 시도하지 않았다. 이를테면 입법을 통한 검찰 수사권 축소를 실제 조직에서는 반영조차 하지 않고 뭉개고 있었던 것이다. 더 놀라운 것은 이런 상황이 전개됐는데 어디서도 검찰의 문제점을 지적하거나 비판한 경우가 없었다는 사실이다. 특위에서 이에 대한 문제 제기가 됐을 때 검찰의 반응 역시 놀라웠다. 예산이 없어서 실행하지 못했다는 것이다. 이 특위 활동은 결국, 논의는 무성했으나 아무런 입법 조치가 이루어지지 않고 끝났다. 이후에도 두어 차례 비슷한 활동이 있었으나 아무런 결론도 내리지 못했다. 그리고 대선이 다가오고 있었다.

셋째, 나는 이 상황을 결정적 장면으로 본다. 윤석열 검찰총장에 대한 탄핵 주장이 나올 때, 민심을 들먹이고 중도에 눈치를 보면서 역풍을 우려했다. 나중에 확인됐지만 윤석열 총장의 위법 행위는 분명했다. 재판 결과로 확인했다. 나는 당시 이 책

맨 뒤에 인용한 『오마이뉴스』 기사처럼 '윤석열 탄핵으로 역풍은 오지 않는다'고 주장했고, 김두관 의원은 '윤석열 탄핵, 얼마든지 가능하다'는 입장을 페이스북에 게재했다. 추미애 장관은 나의 탄핵 주장 포스팅에 동조했다. 당시 더불어민주당 내에서는 탄핵을 시도하다 헌법재판소에서 기각되면 어떻게 하느냐, 윤 총장을 더 키워 주려 하는 거냐면서 격렬하게 반대했다. 검찰은 탱크를 몰고 돌진하는데, 민주당은 신호등 깜박이를 켜고 제어하려는 어리석음을 보였다. 이러는 사이 검찰은 더 세력을 키우고 있었다. 명분도 확보해 가고 있었다. 그리고 우리는 대한민국 정치사에 유례가 없는 검찰 출신 대통령 탄생을 목도하게 됐다.

네 번째, 대선에 패배한 더불어민주당은 뒤늦게 후회했다. 그래서 「검찰청법」과 「형사소송법」을 개정해 검찰 수사권을 축소하고 이어 특위를 통해 수사권을 완전히 박탈하기로 했다. 이 과정에서 일부 언론은 내가 안건조정위에 들어가기 위해 법사위로 간 것처럼 잘못 기술했다. 나는 당시 원내 정무부대표를 맡고 있었고, 윤석열 정부의 초대 총리와 장관 후보자의 인사청문준비TF 단장을 맡고 있었다. 나는 한동훈 인사청문회를 위해 법사위로 사보임했다. 그러고 나서 합의가 이루어졌고, 그 합의문의 첫 문장은 "검찰의 직접 수사권과 기소권은 분리하는 방향으로 한다"로 시작한다. 내가 탈당을 하자 합의문이

나왔다. 이 합의문에는 1단계 수사권 축소, 2단계 수사권 분리를 내용으로 하고 있었다. 내 임무는 끝났다고 생각했는데 이 합의문을 국민의힘이 파기했다. 나는 이때 더불어민주당의 태도를 도저히 납득할 수 없다. 나는 이미 당원이 아니어서 개입할 수 없었다. 더불어민주당은 당연히 이 합의를 이행하도록 했어야 하는데 아무것도 하지 않았다. 합의를 이행하지 않았으니 민주당의 원안으로 밀어붙여야 했다. 이 합의를 기초로 만들어진 법안은 '등'이니 '중'이니 문제까지 겹쳐서 너덜너덜해졌다. 후에는 시행령으로 뭉개는 상황까지 발생했다. 국회를 단독 운영할 수 있고, 총리 인준을 포함해 내각 구성에 얼마든지 영향을 미칠 수 있는 강력한 무기가 있음에도 더불어민주당은 무기력했다. 지방선거를 앞두고 민심 역풍을 우려한다는 것이었다. 새 정부 출범의 발목을 잡는다는 여론의 반발을 걱정하고 있었다. 심지어 의원 워크숍을 열어 법사위원장까지 넘겨주기로 했다. 사흘 전 합의문을 마구 파기하는 집단에게 1년 전 약속을 지키는 더불어민주당, 발목을 잡는 게 아니라 발목을 부러뜨려서라도 검찰 국가로 가는 길을 막으려 하지 못하는 더불어민주당, 정말이지 납득할 수 없었다. 절망의 계곡으로 빠져들었다.

다섯째, 한동훈 장관이 시행령으로 '검수원복'시키고, 권한쟁의 심판 청구가 헌법재판소에서 기각될 때도 더불어민주당은 아무런 조치도 취하지 않았다. 입법을 무력화시키고, 헌법재판소가 검찰의 부당성을 확인해 주어도 더불어민주당은 손을 놓고 있었다.

여기까지가 더불어민주당 '바깥'과의 관계에서 더불어민주당의 결정 장애를 보여 준 사건들이라면, 여섯 번째는 더불어민주당 안쪽과의 '조정'에서 더불어민주당이 또 다시 결정 장애를 드러낸 일이다. 이재명 대표에 대한 체포 동의안 표결 싸움에서 더불어민주당은 '부결'을 당론으로 정하지 않았다. 그 결과가 '가결'이었다.

더불어민주당이 손을 놓고 있을 때 법원이 검찰의 질주에 브레이크를 걸었다. 정치는 제 기능을 못하고, 이른바 '법조'가 대한민국의 중요한 정치적 결정 사안을 처리한 꼴이다. 지지자들에게 효능감을 제공하지 못하는 민주당 정치의 답답함이 수차례 반복되니, 주권자 시민은 국민의힘이 싫은데도 더불어민주당으로 선뜻 돌아서지 못하고 있다.

더불어민주당 의원들은, 당원의 일반적인 요구와는 다른 주장을 내세울 때 대체로 '민주주의'를 품위 있게 이야기한다. 나의 탈당도 "민주주의가 갖춰야 하는 절차적 정당성을 훼손했다"는 게 내부 비판의 주 내용이었다. 그러면서도 그들은 검찰 정상화법에 대한 의견을 말하지 않았다. 본회의에서는 '찬성'했다. 내 행위가 그토록 잘못됐다면 본회의에서도 '반대'했어야 옳다. 본회의에서 '찬성'했다면 탈당에 대해서는 최소한 침묵하는 것이 맞다. 그들이 그렇게 분열적인 행동을 하는 것은 당원의 눈치와 일반 여론의 눈치를 동시에 보기 때문인 것으로 풀이한다.

더불어민주당 당원 및 지지자들 대다수는 나의 탈당을 불가피한 선택으로 보았고, 본회의에서 검찰 정상화법을 통과시키기를 바랐다. 하지만 국민의힘 및 중도층 성향까지를 포함한 전체 국민 여론은 양상이 조금 달랐다. 이러한 여론을 언론은 수시로 강조했다. 일부 더불어민주당 의원들의 분열적 양상은 국민 여론에 맞서고 싶지 않고, 당원 및 지지자들에게도 배척당하고 싶지 않은, '두 마리 토끼'를 다 잡으려는 욕심이 빚어낸 현상이라고 생각한다. 처음에는 이해하지 못했으나, 이제는 이해할수 있게 됐다. 당원과 지지자 맞춤형이었다는 걸 부인할 수 없는 나의 '탈당'이 이른바 일반적인 국민 여론으로부터 무자비한 공격을 받고 나니 그들의 처신이 이해가 되었다. 그렇다면 앞으로 나 또한 그들처럼 '두 마리 토끼'를 잡으려는 태도를 취해야할까. 그러지 않을 것이다. 나는 광주 국회의원이기 때문이다.

어차피 더불어민주당은 '복잡한' 정당이다. 당 구성의 모든 부문을 만족시키는 '신의 한 수'를 내놓기는 정말 어렵다. 최대공배수를 찾아 당적 동의의 수준을 높이는 작업은 꼭 필요하다. 그러나 어느 정도 그러한 노력을 기울인 다음에는 과감한 실천을 통해 사안을 매듭지어야 한다. 계속 토론만 하고, 설득만 할 일은 아니라는 거다.

독일의 사회학자 막스 베버Max Weber(1864~1920)는 '신념윤리와 책임윤리'라는 개념으로 정치인이 가져야 할 자세를 제시했다.' 신념은 '꿈'이고, 책임은 '현실'이다. 학자, 사상가, 사회 활동가들은 '신념'으로 충분하다. 공동체가 취득해야 할 가장 이상적인 목표치를 제시하는 게 그들의 역할이고, 그것이면 된다. 정치인은 신념을 기초로 책임을 져야 한다. 이상적인 목표치에 도달하지 못하더라도, 그러니까 자신이 갖고 있는 신념에 이르지 못하더라도 오늘 취득할 수 있는 것은 오늘 움켜쥐어야 한다. 아쉽더라도, 신의 한 수가 아니더라도, 조금이라도 앞으로 나아가는 길이 있다면 그 길을 걸어가야 한다. 그것이 정치인의 책임이다. 나는 책임 정치를 하려고 한다.

사안을 매듭지으려 할 때 나는 '광주'를 기준으로 삼는다. 구체적으로는 광주의 지지자, 광주의 여론, 역사적으로 확인할 수 있는 광주의 여망을 기준으로 삼는다. 내가 수도권 여론을, 영남의 선거 판세를 고민할 필요는 없다. 무시하겠다는 건 아니다. 고려하겠지만, 최소한이어야 하고, 그럴 수밖에 없다.

대한민국 전체의 더불어민주당을 위해 광주의 양보를 압박하고, 그 압박을 중앙당이 일방적으로 처리한 결과 광주가 더불어민주당을 버린 적이 있다. 시리고 아프지만 20대 총선 결과를 우리는 모두 알고 있다. 광주는, 그리고 호남은 더 이상 더불어민주당에 우호적이지 않다. 더불어민주당이 광주를 함부로 대하면, 광주도 더불어민주당을 난도질하겠다는 분위기다. 중요한 건 광주가 바라는 내용이다. 광주는 더불어민주당이 좀 더 강하고, 분명하게 가기를 바란다. 좀 더 과감하게 역사적으로 형성된 더불어민주당의 과업을 수행하기를 바란다. 그걸 하지 않으면 '광주를 함부로 대한 것'으로 본다. 검찰 정상화법 입법 과정이 가장 전형적인 예다. 광주는 압도적인 여론으로 검찰 정상화법 추진을 지지했다. 내가 그러한 광주의 여론을 수용하지 않아야 하는 이유는 어디에도 없다.

군이 자세히 말할 필요도 없이 더불어민주당에게 광주는 특별하다. 하지만 더불어민주당은 광주를 '기준'으로 정치를 하지 않았고, 국회에 와서 보니 그럴 생각도 없는 것처럼 보였다. 그럼에도 선거 때가 되면 '광주 기준'이 작동했다. 선거 정당의 역할을 해야 할 때 더불어민주당은 '강하고', '분명한' 것처럼 메시지를 낸다. 선거가 끝나고 여의도로 돌아오면 어느새 더불어민주당은 대중 정당으로 정체성을 바꿔 국민 여론을 '면밀히' 검토한다. 문제는 그 국민 여론이라는 것이 지역으로는 수도권이 과다 대표되고, 정치 지형으로는 당원과 광주 여론이 과소 대표되는 방식이다. 개별 국회의원으로 보자면 수도권에 지역구를 둔 국회의원의 정치적 입장이 가장 많이 고려된다. 적절하지도 정당하지도 않다고 본다.

2

'역풍' 우려, '중도' 눈치, '신중' …
그리고 실패

호남은 민주당에 늘 '개혁 정치'(정당 개혁이든, 대한민국 개혁이든)를 요구해 왔다. 그러나 민주당은 호남의 요구에 제대로 화답하지 못했다. '역풍'을 우려하고 '중도'를 의식하며 '여론의 추이'를 지켜보다 수없이 실기했다. 민주당은 '호남 표'를 자주 배신했다. 민주당 소속 선출직 공직자였으되 국회의원은 아닐 때 나는 이런 문제의식을 갖고 비판의 목소리를 높였다. 졸저 『내일의 권력』(단비P&B, 2015)이 그런 비판의 집대성이다.

더불어민주당 국회의원이 되고 나서 '여의도 정치'의 속살을 들여다보며 확인했다. '호남'은 수사에 불과하다는 사실을 상당수 더불어민주당 국회의원들에게서 확인했다. 충격이었다. 더불어민주당 국회의원으로서 이제는 비판을 넘어 행동해야 했다. 고백하자면, 검찰 정상화를 반 발자국이라도 진전시켜 보려는 나의 몸부림은, 호남(광주)을 배신하지 않으려는 책임 정치의 하나이기도 했다.

부당한 권력에 맞서 싸우고, 그 권력을 민주적으로 순치시키는 작업, 호남정신(광주정신)이 우리에게 요구하는 바일 것이다. 1980년 5월에 그 권력은 전두환 신군부였고, 2020년을 전후해서는 분명하게 사익화한 검찰 권력이다. 1980년 5월에 광주시민들이 '역풍'을 우려하고 '중도'를 의식하고 '여론의 추이'를 지켜보기만 했다면, 위대한 역사로서 5·18은 없었을 것이다. 그나마 역할을 조금이라도 하고 있는 지금의 더불어민주당도 없었을 것이다. 5·18 당시 무기를 회수한 1차 수습위원회는 '역풍'과 '중도'와 '여론의 추이'를 지켜보자고 했다. 살육이 벌어지는 현장에서 그분들의 고뇌는 충분히 이해할 수 있다. 하지만 1차 수습위원회를 밀어내고 도청을 장악한 윤상원(시민군 대변인), 박남선(상황실장) 등 2차 수습위원회의 결단이 있었기에 5·18은 역사적으로 승리할 수 있었다.

발은 땅에 붙이고 머리는 하늘을 보라고 했다. 정치(인)가 취해야 할 태도다. 호남은 늘 하늘을 보았다. 그래서 힘들었고, 지금도 힘들다. 나는 더불어민주당이 민생에서는 땅에 발을 붙이고, 권력 구조 개혁에서는 하늘을 보았으면 했다. 이러한 바람에 적합한 인물이, 대통령 선거 당시 선택 가능한 분들 중 내게는 '이재명'이었다. 그래서 대통령 선거 전부터 지금까지 함께하고 있다.

달리 말하자면, 삶의 구체적인 결에서는 대한민국 전체를 들여다보되, 한국 사회가 나아가야 할 내일의 길은 호남에서 찾기를 바랐다. 그러나 더불어민주당은 대한민국 전체를 핑계 삼아 호남이 보고자 하는 하늘을 외면했다. 그 외면의 결과가 패배임에도, 제대로 추진조차 못한 '개혁'을 패배의 원인인 양 떠들었다. 소극적이었던 이들일수록 더욱 큰 목소리로.

1980년 5월 광주가 그러했듯, 현재 더불어민주당 안에는 1차 수습위와 2차 수습위의 동력이 얽혀서 함께 작동하고 있다. 그 때와 지금이 다른 점은 중과부적의 싸움이 아니라는 점이다. 아쉽더라도 지금 더불어민주당은 결코 적지 않은 '제도의 힘'을 갖고 있다. 이때조차 하늘을 보지 않는다면, 도대체 언제 큰 꿈을 꾸고 또 어떻게 의미 있는 전진을 이룰 수 있겠는가.

이런 저런 선거 때마다, 당이 위기에 빠질 때마다 더불어민주당은 호남을 찾아 지지를 호소했다. 호남민들이 늘 보아 온 하늘을 함께 봐야 지지를 얻을 수 있다. 함께 본 하늘을 미래의 현실로 만들겠다고 약속해야 더불어민주당은 지지를 얻을 수 있다.

정치가 미래를 염두에 두지 않는다면, 우리 사회의 어떤 부문이 미래를 이야기할 수 있겠는가. 관료가? 자본이? 품위 있게 훈수 두는 학자들이? 미래는 낯설기 때문에 당장의 지지를 얻기는 힘들다. 평범한 정치는 현재에 집중한다. 위대한 정치는 미래를 조직한다. 호남이 위대했던 건 미래를, 하늘을 직시했기 때문이다.

호남은 선행 지표 성격이 있다. 대통령 선거는 50.5 : 49.5로 패배했지만, 지금 윤 대통령 평가는 대선 당시의 호남 표에 수

렴했다. 민선 6기 지방선거에서 전라남도의 무소속 지방자치 단체장은 8명이었다. 2년 뒤 총선에서 국민의당이 호남을 삼 켰다. 더불어민주당이 역풍과 중도와 여론의 추이를 살피다가 는 한 방에 훅 갈 수 있다. 역풍과 중도와 여론의 추이라는 것 이, 겨우 '자기 생존'이나 도모하는 '왕이 되기를 포기한 영주' 들의 구차한 변명이라는 점을 호남민들은 너무도 잘 알기 때문 이다.

흔히들 호남을 '민주당의 텃밭'이라고 말한다. 절반은 맞고 절반은 틀린 이야기다. 민주당 지지가 가장 강한 곳이라는 의 미에서 '텃밭'은 옳다. 무조건 민주당을 지지하는 지역이라는 뜻이라면 '텃밭'은 옳지 않다. 굵직한 예시 네 가지를 통해 호남 이 민주당의 '텃밭'은 아니라는 점을 확인해 보자.

첫째, 2004년 총선 결과 호남은 (구)민주당을 몰락시키고 열 린우리당을 선택했다. 노무현 대통령 탄핵 후폭풍으로 열린우 리당은 2004년 총선에서 국회 의석수 과반을 차지했다. 전국 적 흐름에 호남도 동참한 형국이어서 이때 호남의 선택은 특별 히 주목받지 못했다. 하지만 특정 정당을 집중적으로 지지하는 호남과 영남의 투표 성향을 감안할 때 지역의 주류 정치 세력 을 한 번에 갈아치운 곳은 호남이다. 영남은 박근혜 대통령 탄 핵 이후에도 지역의 주류 정치 세력을 교체하지 못했다.

둘째, 2014년 지방선거 기초단체장 선거 결과다. 세종시와 제주도를 제외한 전국 결과는 '118(새누리당) : 80(새정치민주연합) : 29(무소속)'로 나왔다. 전국 무소속 당선 기초단체장 29명 중 절반이 넘는 15명이 호남에서 나왔다. 전라북도에서 7명, 전라남도에서 8명이었다. 타 지역 무소속 당선자 수와 비교할 때 압도적이다. 정당 귀속성이 강한 한국의 지방선거에서 당선자의 절반 이상이 무소속이라는 사실은 호남이 결코 민주당의 텃밭이 아니라는 의미다.

셋째, 2016년 총선 결과 호남은 더불어민주당 대신 국민의당을 선택했다. 당시 더불어민주당은 야당이었고 대통령은 박근혜(새누리당)였다. 정세의 흐름이 '반새누리당'이어서 수도권은 압도적으로 더불어민주당을 선택했다. 충청권·영남권 일부에서 더불어민주당이 약진했다. 하지만 정작 더불어민주당의 '텃밭'이라는 호남은 더불어민주당을 선택하지 않았다. 국민의당 사람들이 어차피 옛 민주당 사람 아니냐는 반론이 있었다. 정당 정치라는 관점에서 볼 때 '사람'은 둘째 문제다. 어느 정당을 선택했느냐가 중요하다. 호남은 더불어민주당을 선택하지 않았다.

넷째, 진보 계열 정당이 상승세를 탔던 2012년 총선 정당 투표에서 호남은 높은 비율로 통합진보당에 표를 주었다. 특히 광주는 노동자의 도시라는 울산보다 더 높았다. 2022년 지방선거에서 진보당은 '기초단체장 1명, 광역의원 3명, 기초의원 17명'

을 당선시켜 진보 계열 정당 중 최고의 성과를 냈다. 기초단체장 1명은 울산, 광역의원 3명은 전라북도 1 + 광주 2, 기초의원 17명 중 12명은 광주 6 + 전라남도 5 + 전라북도 1 구성이었다. 박근혜 정부가 '해산'시킨 정당이 지방선거를 통해 '부활'의 조짐을 보이는 것인데, 호남이 그 진지 역할을 하고 있는 셈이다.

네 가지 굵직한 예시를 통해 확인할 수 있는 사실은 호남이 민주당의 '텃밭'이라고 함부로 말할 수 없다는 것이다. 또한 호남 유권자는 늘 새로운 '가능성의 정치'를 모색하고 있다는 점이다. 놀라운 것은, 이런 결과를 내기 위해 호남 사람들은 어떤 결의도, 어떤 모임도, 어떤 논의도 하지 않았다는 점이다. 말하지 않아도 통한다는 듯 선거를 통해 집단 의지를 무서운 양상으로 드러냈다.

호남의 이 같은 정치 행동을 나는 '광주 아비투스'라는 개념을 동원해 언론에 발표한 적이 있다. 조국 법무부 장관 임명이라는 '정치적 사건'을 해석하는 기고문이었다. 이때의 문제의식이 '광주 정치'를 설명하는 데 여전히 유효하다고 보아 2019년 9월에 쓴 글을 지금의 시간에 맞게 조금 고쳐 다시 내놓는다. 이하의 내용이다.[10]

3

침탈받지 않는 독자적 판단,
광주 아비투스

조국 법무부 장관 임명에 대한 전국 여론은 '잘못했다'는 부정 평가가 49.6%, '잘했다'는 긍정 평가가 46.6%로 나왔다 (2019년 9월 9일, 오마이뉴스 의뢰 리얼미터). 같은 조사에서 광주·전라 여론은 '잘못했다'는 응답이 38.7%, '잘했다'는 응답이 56.0%로 나왔다.

조국 법무부 장관 지명을 검토하던 때부터 최종 임명까지 리얼미터는 오마이뉴스, YTN, TBS 등의 의뢰를 받아 총 8차례에 걸쳐 관련 조사를 실시했다. 광주·전라의 경우 검토 단계 (2019년 7월 1일, YTN 의뢰 리얼미터)에서 78.5% 찬성으로 가장 높았고, 찬성이 가장 낮을 때가 52.7%였다. 반대가 찬성을 앞지른 경우는 한 차례도 없었다.

광주·전남 지역 시민들을 대상으로 한 뉴시스 광주전남본부와 무등일보사, 사랑방닷컴이 갤럽에 의뢰한 추석 여론조사 (2019년 9월 5~6일)에선 '조국 임명'에 관해 '적절하다'가 55%, '부적절하다' 27%로 나왔다. "문 대통령 잘하고 있다"는 여론은 72%로 집계됐다. 매주 조사하는 리얼미터 주간 집계에서 호남 지역의 대통령 국정 수행 지지도는 대부분 70%를 넘었다. 전국 평균보다 30% 포인트가량 높은 수치다.

전국 여론과는 사뭇 다른 호남 지역 여론을 어떻게 해석해야 할까. 호남이 '민주당의 텃밭'이어서 그럴 수 있다는 해석이 있다. 진영 논리에 따라 정치적 입장을 결정한다는 이야기인데, 적절하지 않다.

2016년 총선 당시 호남에서 더불어민주당은 '몰락'했다. 2004년 총선에서도 (구)민주당을 몰락시키고 열린우리당을 선택했다. 꾸준히 이어져 온 지지 성향을 이처럼 한순간에, 약속이나 한 듯이 집단적으로 뒤바꾼 지역은 호남이 유일하다. 호남 내에서도 진영 논리는 작동한다. 하지만 그것만으로 정국을 파악하지는 않는다는 역사적 증거다.

조국 장관이 임명되는 데 걸린 한 달 정도의 시간 동안 100만 건이 넘는 '의혹 보도'가 있었다. 중간에 검찰까지 가세했다. 그럼에도 호남에서는 '조국 후보자' 임명 찬성 여론이 변함없이 높았다. '언론과 검찰'의 '조국 범죄자 만들기 합동 작전'에도 꿈쩍하지 않은 것이다. 진영 논리만으로는 설명되지 않는다. 호남의 선택에는 세 가지 '경험칙'이 있다.

첫째, 김대중 경험이다. 온 세상이 김대중을 '빨갱이'라고 색칠할 때 호남 사람들은 '아니다'라면서 김대중을 지켰다. 온 세상 중 강력한 하나가 언론이었다. 김대중 경험을 통해 언론을 믿지 않는 태도, 언론 보도를 교차 검증하는 습성이 생겨났다.

남의 눈이 아닌, 내 눈으로 정국을 판단하려는 훈련을 거쳤다.

둘째, 5·18 경험이다. 1980년 열흘의 시간뿐 아니라 '북한군 개입설'이 나오는 지금까지 5·18 경험은 계속되고 있다. 이 시간을 거치면서 언론이 결코 '객관적'이지 않다는 점을 거듭 확인했다. 5·18 당시에는 『투사회보』가 언론이었고, 5·18 이후에는 신문보다 대학생들이 붙인 대자보를 더 신뢰했다. 덧붙여 검찰과 법원을 다시 보게 되는 눈이 이때 생겨났다. 특히 검찰은 언제나 '우리 편'이 아니었다. 1980년대에 대학생들의 '지산동 검찰(광주고검-광주지검)' 타격 투쟁이 끊이지 않았다. 시민들 누구도 그 행동을 과격하다고 말하지 않았다.

셋째, 광주 경험이다. 단언의 위험을 안고 말하자면, 인구 150만 명의 광주광역시에 '부자'는 있어도 '자본가 계급'은 없다. 타 지역 유입 인구도 아주 미미하다. 40대 중반 이상의 70% 정도가 전라남도 출신이다. 그래서 문화적 동질성이 강하다. 정치적 판단의 동질성도 이러한 '광주 경험'에서 유래한다. 광주에서 '강남 좌파 조국'은 모순 어법이 아니다. 조국보다 더 잘살고 학력도 좋은 광주 사람 중에 '좌파'가 수두룩하기 때문이다. 뭔가 헷갈리면 주변 지인들과 소통하면서 의견을 형성하는 습성이 있다.

역사의 시계를 더 뒤로 돌리면, 1960~1970년대의 치열한 농민운동이 있었다. 일제의 국권 침탈 과정에서 가장 강력한 의병 투쟁을 전개한 곳도 호남이었다. 썩은 왕조를 무너뜨리는 동학농민전쟁의 시작과 끝도 호남이었다. 이 모든 역사적 경험이 나중에 위에 열거한 '세 가지 경험'으로 연결됐다.

이 경험들을 피에르 부르디외의 'habitus' 개념을 차용해 '광주 아비투스'라고 하자. 호남의 역사적 경험이 개인의 경험으로 내재화하고 그 개인이 다시 역사적 경험을 만들어 내는, 외재성의 내재화─내재성의 외면화가 반복적으로, 그러나 점점 높은 수준으로 진행되면서 '침탈받지 않은 독자적 판단'을 가능하게 했다고 본다. 호남의 집약지이자 인구 밀도가 높고 세대 또한 고르게 분포되어 있는, 도시로서 광주가 '판단'의 중심지여서 아비투스 앞에 광주를 붙였다.

추가적으로 호남권의 언론 환경을 들여다볼 필요가 있다.

1988년 『한겨레』가 창간될 당시 최대 주주는 호남의 개인들이었다. 대략 2010년 즈음까지 광주·전남·전북 등 호남권 1등 신문은 압도적으로 『동아일보』였고, 『한겨레』가 2등이었다. 『한겨레』가 창간되기 전 1970~1980년대 '야당지'로 평가받던 『동아일보』 구독 습성이 이어져서다.

2019년 광주에서 종합 일간지 중 발송 부수 1위는 『한겨레』, 2위가 『동아일보』다. 전남의 경우 1위가 『동아일보』, 2위가 『한겨레』다. 전북은 1위가 『한겨레』, 2위가 『동아일보』다. 2011년부터 『동아일보』 구독자 수가 수직으로 추락했다. 4만

부를 웃돌다 2만 부 수준으로 구독자 수가 떨어졌다. 광주, 전남, 전북 모두 동일한 패턴으로 떨어졌다. 왜 그랬을까.(통계 관련 내용은 『미디어오늘』 2019년 5월 25일 보도 「'1등 신문' 조선일보? 광주에선 추락 … 부수 1위 한겨레」 참조.)

이명박 정부가 「미디어법」을 통과시킨 때가 2009년이었다. 채널A가 TV 화면에 나오면서부터 호남권 구독자의 절반이 『동아일보』를 버린 셈이다. 『조선일보』는 그 이전에 이미 버려져서 지역지들에 부수가 밀리고 있다.

이른바 조중동을 잘 안 보니까 '조국 옹호' 여론이 형성됐을까? 아니다. 거꾸로 해석해야 한다. 호남 사람들은 올바른 여론 형성을 위해 조중동을 밀어내는 노력을 꾸준히 해 왔다. 그렇기 때문에 조중동뿐 아니라 온 언론이 한 목소리로 조국을 찍어 내리고 있을 때도 '다른 의견' 형성이 가능했던 것이다. 2000년 전후, 지역 언론 연구자로서 나는 '안티 조선'으로 대표되는 광주시민들의 언론 환경 개선 노력을 상세히 들여다봤고, 관련하여 학위 논문을 제출한 적이 있다. 그때의 연구와 경험을 근거로 하는 말이다.

언론과 검찰에 대한 뿌리 깊은 불신, 스스로 의견을 세우려는 일상적인 노력, 그 노력이 어렵지 않게 가능한 정치·문화적 동질성, 호남 사람들이 적극적 행동으로 만들어 낸 '덜 혼탁한 언론 환경', 그리고 이 모든 것들을 주체적으로 소화하는 '광주 아비투스'가 작용해 대통령과 조국에 대한 지지가 꾸준할 수 있었다고 본다.

이처럼 호남의 지지는 진영 논리를 넘어선, 혹은 정치적 팬덤과는 다른 성격을 지니고 있다. 2004년과 2016년 총선 당시 (구)민주당과 더불어민주당에 대한 지지 철회가 '다른 성격'의 징표다. 묻지 마 지지가 아닌, 지지의 이유와 지지에 따르는 책무를 결코 잊지 않는, 전략적 지지이다.

고위공직자범죄수사처(공수처) 설치 찬성 여론은 호남 77.5%, 전국 65.2%로 나왔다(2019. 3. 7. 오마이뉴스 의뢰). 검경 수사권 조정 찬성 여론은 호남 76.3%, 전국 57.3%로 집계됐다 (2019. 5. 6. CBS 의뢰 리얼미터). 또한 조국 장관의 검찰 개혁 성공 여부를 묻는 질문에서 호남 여론은 78.6%가 "성공할 것"이라고 답했다. 전국적으로는 성공할 것 45.0%, 실패할 것 46.6%로 실패 예상이 더 많았다(2019. 9. 11. TBS 의뢰 리얼미터).

권력 구조 개편에 대한, 어느 지역보다 강력한 의지를 읽을 수 있는 조사 결과들이다. 검찰 개혁 성공 여부 답변과 관련해서는, 지금의 상황을 감안하면 호남 여론의 예측은 틀렸다고 말할 수 있다. 하지만 중요한 건 '예측'이 아니라 '열망'이다. 성공을 바라는 간절한 마음이 평균 여론보다 20% 포인트 이상 상회한다. 분명하고 압도적인 여론이다. 전국적 추세와는 전혀 다른 의견이기도 하다. 그런 까닭에 진영 논리 외 다른 요인의 작용을 추정할 수밖에 없다. 그 요인을 '김대중 경험', '5·18 경험', '광주 경험'으로 압축해 제시했다.

호남 사람들은 정치적 지지의 채권자임을 잊지 않는다. 더불어민주당은 호남에 빚을 진 정치적 채무자이다. 두말할 것도 없이 지지의 이유에 보답하는 것이 채무를 갚는 길이다. 감히 '검찰 정상화'를 위한 나의 노력들이 이 채무를 갚는 정치적 행동이라고 믿는다. 더불어민주당은 검찰 정상화와 검찰 정부의 무도한 국정 운영을 막아야 한다. 그렇게 하라는 사인을 호남은 계속 보내 왔다. 그렇게 하는 한, 호남의 단단한 지지는 계속될 것이다. 그렇게 하지 않으면, 호남은 언제라도 지지를 끊을 수 있다. 역사적으로 충분히 확인된 경험칙이다.

4
윤석열 탄핵,
'역풍'은 오지 않는다

해방 직후부터 대한민국의 시민들은 나쁜 것, 낡은 것, 반민족적인 것들을 하나둘씩 청산하고 고쳐 왔다. 특히 1980년 5·18 광주민중항쟁과 1987년 6월 시민항쟁을 거치면서 군대를 중립화시켰고, 경찰을 민주화시켰다. 하지만 고치고 나면 숨어 있던 나쁜 것들이 다시, 계속 나타나 싸움을 멈출 수가 없었다. 지금은 이 싸움의 마지막 단계라 할 수 있다.

국민의힘 계열의 정당이 '보수' 진영을 대표해 왔었는데, 지금은 '법조-언론 카르텔'이 싸움의 전면에 등장했다. 검찰은 정부 권력까지 잡았다. 심판이라고 생각했던 권력이 선수로 뛰고 있어서 어느 때보다 벅차고 힘겨운 쟁투가 이어지고 있다. 민주 진영의 인적·정치적 손실도 계속되고 있다.

권력 구조 개혁 투쟁의 중요성은 인권 보호 같은 보편적 가치의 구현에 그치지 않는다. 이를테면 법과 언론의 심판 역할이 합리적일수록 옥석이 가려지게 되고 사회는 더 투명하고 건강해진다. 언론과 사법의 합리성이 여전히 오늘날의 강한 미국을 지탱해 주고 있다는 점을 상기할 필요가 있다. 권력 구조 개혁은 보편적 가치 수호뿐 아니라 '성장과 공정의 선순환'에 기여하는 실용적 과제기도 하다.

권력 구조 개혁에 따른 현재의 시끄러움을 비관할 것만은 아니다. 심판이 사실은 선수였다고 자신을 드러내는 것은 제도 민주주의 완성을 위한 '마지막 싸움'이라는 뜻이기도 하다. 이 싸움에는 어느 후보보다 이재명이 강하다. 이명박-박근혜 시절부터 권력 기관에 탈탈 털렸다. 공적 사적 모든 영역에서 끊임없이 검증받았다. 그럼에도 살아남아 여기까지 왔다.

윤석열이 검찰총장이었을 때 나는 '윤석열 탄핵'을 주장했다.[11] 수사권과 기소권의 완전 분리도 주장했다. 나의 '탈당' 행위는 갑자기 나온 정치 기획이 아니었다. 오래전부터 가져왔던 문제의식에 따라 내가 할 수 있는 일을 한 것이었다. '윤석열 탄핵'을 주장한 글을 다시 살펴보니, 놀랍게도 지금 내놓아도 이상할 게 없어 보였다. 검찰총장 대신 대통령이라고만 바꾸고, 수사권·기소권 완전 분리를 '시행령 정상화' 정도로 바꾸는 등 몇 가지만 근래에 맞게 응용하면 지금의 현실에 여러모로 들어맞았다. 윤석열이 검찰총장 하듯 대통령 노릇 하고 있으니 그럴 것이다. 고쳐 쓰려다 그냥 전재하기로 했다. 대한민국이 대한검국으로 전락한 현실을 증거하는 데 유효하고, 이 책의 최종 주장이기도 해서다.

윤석열 탄핵, 역풍은 오지 않는다
[주장] 윤 총장 탄핵이 반드시 필요한 네 가지 이유

결론부터 말하겠다. 권력 구조 개혁과 관련하여 더불어민주당이 지금 당장 해야 할 일은 두 가지다. 수사권과 기소권 완전 분리, 그리고 윤석열 검찰총장 탄핵이다.

김용민·오기형·황운하 의원, 김태년 원내대표의 법안이 준비되어 있다. 필자도 마련했다. 김두관 의원은 탄핵 추진을 선언했다. 열린민주당은 검찰총장이 경거망동하면 탄핵을 추진하겠다고 한다. 공수처 가동은 순리대로 진행될 것이므로 이 기고문에서는 언급하지 않는다.

결론의 근거를 요약하자면, 네 가지이다.

첫째, 권력이 작동하는 지금의 양태가 수사권/기소권 완전 분리와 윤 총장 탄핵을 재촉하고 있다.

정치의 주체인 국회는 그간 법률과 제도를 충분히 존중해왔다. 반대로 법률과 제도 운용의 주체인 법조 세력(검찰, 법원)은 정치를 유린했고, 지금도 멈추지 않고 있다.

검찰은 '재계–언론–국민의힘–태극기 카르텔'(이하 '수구 카르텔')의 대표 격으로 '검찰당화'한 상태다. 예전에는 국민의힘이 검찰에 정치적 행동을 외주했는데 지금은 반대다. 검찰이 정치를 주도하고 있다. 법원은 이 카르텔에 은근히 혹은 노골적으로 보조를 맞추며 동조·협력하고 있다. 민주주의와 주권자를 서슴없이 유린하는 이 행위들을 '사법 쿠데타'라는 표현 말고는 달리 담아낼 말이 없다.[12]

수사권/기소권 완전 분리는 수구 카르텔의 제도적 인프라를 해체하는 방법이다. 윤 총장 탄핵은 그런 인프라를 딛고 서 있는 인적 동력과 역량을 무력화하는 길이다.

혹자는 수사권/기소권 완전 분리가 더 중요하고, 수사권/기소권 완전 분리를 통해 나머지를 제어할 수 있기 때문에 윤 총장 탄핵은 필요치 않다고 한다. 수사권/기소권 완전 분리가 더 중요하다는 건 알겠다. 그러나 수사권/기소권 완전 분리가 준비됐다고 해서 나머지가 저절로, 혹은 부드럽게 해결되는 것은 아니다. 시스템이나 구조 혁신의 완성도를 높이려면 인적 청산이 함께 이뤄져야 한다. 윤 총장 탄핵까지를 동시에 추진해야 수사권/기소권 완전 분리가 제대로, 신속하게, 민주 진영의 피해를 최소화하면서 연착륙할 수 있다.

윤 총장 탄핵 없이 수사권/기소권 완전 분리만 추진할 경우 윤 총장이 '최후의 책동'에 나설지도 모른다. 그에 따른 피해가 민주 진영이 감당할 만한 정도라고 누가 장담하겠는가. 예컨대 서울·부산시장 보궐 선거에 윤 총장 체제 검찰의 '선택적 정의'가 어떻게 작동할지 우리는 도무지 알 수가 없다.

제도 개혁과 인적 청산의 동시 추진 필요성을 증명하는 역사적 사례는 무수히 많다. 제도 개혁과 인적 청산은 양자택일의 문제가 아니다. 둘을 동시 추진함으로써 수구 카르텔의 화력과 동력을 분산시키고, 민주 진영의 피해를 최소화해야 한다. 권력 구조 외 다른 개혁 과제의 지속적인 추진을 위해서는 민주 진영의 피해까지 관리해야 한다.

둘째, 민주 진영 지지층이 수사권/기소권 완전 분리와 윤 총장 탄핵을 강력히 요청하고 있다.

밖에서 압박해야 비로소 움직이는 여의도 더불어민주당에 대한 지지층의 짜증이 임계점에 도달했다. 이미 임계치를 넘어 이탈 또는 화살을 거꾸로 날리는 분노의 흐름까지 나타나고 있다.

이와 달리 수구 카르텔은 행동을 한 뒤 명분을 확보하는, 사활을 건 전쟁을 치르고 있다. 조국 일가를 난도질하고 대통령의 결재를 무력화시켰다. 수구 카르텔의 선봉장 윤석열은 직무정지 틈새의 시간에 결재를 하고, 크리스마스에 출근했다. 이들의 움직임에서 국민들은 치열함과 간절함을 본다. 그럴 만한 이유가 있다고 생각하게 된다.

그러나 더불어민주당은 행동이 늦다. 역풍을 우려하고 안전장치를 찾느라 그러는 것 같다. 이 모습은 치열하지도, 간절해 보이지도 않는다. 지금 맞고 있는 바람이 초대형 태풍인데 이보다 더한 역풍을 걱정하는 건 이해가 되지 않는다. 지지층은 답답하다. 국민들은 치열하고 간절한 쪽으로 눈을 돌릴 수밖에 없다. 지지율이 출렁이는 이유다.

소셜 미디어를 살펴보면, 더불어민주당 지지층은 최소한 제도 개혁을 선취하지 않으면 지지까지 철회할 기세다. 이 경우 내년 4월 보궐 선거 패배는 물론, 대선에서까지 밀리는 부정적 도미노 효과가 나타날 가능성을 배제할 수 없다. 제도 개혁과 인적 청산을 동시에 선취해야 지지층의 이탈을 막고 개혁 동력을 보존할 수 있다.

윤석열 탄핵은 "헌법재판소에서 뒤집어질 수 있으므로 무리수다"라는 의견이 있다. 이 같은 '서생의 계산법' 때문에 근래 '윤석열 전투'에서 계속 실패하는 것이다. 안전한 길을 걸어가는 것은 정치가 아니다. 없는 길을 개척하는 담대하고 창조적인 시도가 정치이고, 그것이 승리를 만든다. 그렇다. 승리는 오지 않는다. 만드는 것이다.

정치를 정치답게 하라고 지지층은 민주 진영에 '180석'을 만들어 주었다. 민주 진영 지지층은 '180석'을 가지고서도 안전 계산기를 두드리고 있는 더불어민주당을 더 이상 봐주기 어렵다는 신호를 보내고 있다.

만약 법무부 징계위원회가 윤석열 징계 수위를 '해임'으로 가져갔다면 법원이 '쉽게' 인용할 수 있었을까? 징계위원회가 법원의 판단까지 미리 고려해 '2개월 정직'을 결정함으로써 법원의 짐을 덜어 주었다. 법원의 판단도 문제지만, 그 이전에 짐을 덜어 준 '우리의 문제'를 반복해서는 안 된다.

지금처럼 비상한 시기에는 먼저 최대치를 추구하고, 이후 그것의 관철을 압박하는 치열함이 필요하다. 그 치열함에서 지지층은 간절함과 진정성을 확인하고 신뢰의 힘을 보태 준다. 민주 진영 지지층의 특성이 그렇다.

이른바 '중도층' 호소 전략과 관련해서도 시각을 재정립해야 한다. 중도층을 합리적 선택자로 전제할 근거는 없다. 그렇다면 민주 진영의 지지자들이 비합리적이라는 말밖에 되지 않는다.

중도층은 힘 있는 쪽, 치열하고 간절한 쪽으로 쏠리는 특성을 갖고 있다.

최근 여론조사 결과가 이를 증명한다. 대통령과 더불어민주당이 '힘'을 발휘할 때 지지세가 회복되곤 했다. 이른바 '역풍론'은 민주 정권의 발목을 잡기 위한 저들의 논리일 뿐이다. 역풍을 우려하다가 대형 태풍을 맞고 쓰러지는 험한 꼴을 당할 수 있다. SNS를 들여다보면, "그렇게 당하고도 아직도 정신 못 차렸다"가 더불어민주당에 대한 지지층의 일반적인 평가다.

셋째, 경험칙의 관성을 막기 위해서는 그 이상의 반작용을 일으켜야 한다.

수구 카르텔은 자신들이 가진 힘이 어디까지 작동할 수 있는지 그 크기의 최대치를 경험하는 중이다. 당장 제어하지 않으면 갈수록 더 큰 최대치를 탐색하면서 지금까지 확보한 '허용 가능한 힘'을 마음껏 활용할 것이다.

언론은 주권자 시민의 눈을 가리고, 검찰은 민주 진영을 난도질할 것이며, 법원은 최후의 합법 도장을 마구 찍어댈 것이다. 이미 구축된 사법 쿠데타의 알고리즘이 더 크게 확대 재생산되면서 수구 카르텔의 힘은 더 커진다.

현재의 상황을 보면 수구 카르텔은 탱크로 쳐들어오고 있는데 더불어민주당은 빨간 신호등으로 멈출 수 있다고 보는 것 같다. 그나마 빨간 신호등마저 법원이 파란색으로 바꿔 길을 열어 주고 있다. 앞으로도 법원이 파란 신호등을 계속 켤 것이니 그 싸움은 피하자는 것인가?

탱크보다 큰 힘으로 맞서야 한다. 민주 진영은 그 힘을 갖고 있다. 그 힘의 소유자가 국회인데 그걸 쓰지 않고 있다. 더 큰 힘을 쓰면, 법원도 '편하게' 합법 도장을 찍지 못한다. 법원이 그러지 않을 것이라고? 최근 법원의 판단은 언제나 '합리적 예측'을 벗어났다. 다시 말해 법원의 행위를 전제하고 우리의 행동을 설계할 필요성을 필자는 느끼지 못한다.

우리는, 직면한 눈앞의 싸움을 회피하면서, 더 큰 그림을 그린다는 정신승리나 하고 있지는 않은 것인지 냉정하게 성찰해야 한다. 청산의 대상과 타협의 대상을 구분하지 못하는 '여의도 우물 안'에 갇혀 있지 않은지 철저하게 점검해야 한다. 현 정국을 타개하는 '신의 한 수'는 없다. 더 큰 힘으로 수구 카르텔을 제어하느냐, 제어하지 못하느냐만 남았다.

프로 야구 한국시리즈는 내일의 경기를 위해 오늘의 게임을 포기할 수 없는 최후의 일전이다. 지금 벌어지고 있는 수구 카르텔 대 민주 진영의 쟁투가 이와 같다. 오늘 지면, 그냥 지는 것이다.

앞으로 있을 모든 싸움에서 성실하고 치열하게 임하는 정치적 정공법만이 승리로 가는 유일한 길이다. 전투에서 지고 전쟁에서 이기는 타이밍은 이미 지났다. 앞으로 있을 모든 전투에서 이겨야 전쟁의 승리를 만들어 낼 수 있다.

넷째, 민주 진영 지지층의 열정뿐 아니라 지혜로움까지를 신뢰한다면, 머뭇거릴 이유가 전혀 없다.

현재 추진 중인 개혁 과제들은 충분한 사회적 합의를 거쳤다. 더 깊이 논의하고 말 것이 없다. 지지 기반도, 개혁 열망도 튼튼하다. 자잘한 계산 없이 밀어붙여도 이른바 '역풍' 따위는 없을 것이다. 사회적 합의, 지지층의 기반과 열망이 허약할 때 역풍이 부는 법이다.

생각해 보자. 20대 국회에서 유치원 3법을 통과시키면 엄청난 역풍이 불 것 같았다. 지금, 바람 한 점 없다. 엊그제 21대 국회 검경 수사권 조정 개정 법안, 「국정원법」 개정안 처리 등에서도 역풍 같은 건 없었다. 사회적 합의의 바탕, 지지층의 기반과 열망이 튼튼했기 때문이다.

추미애 장관의 징계 추진은 결과적으로 실패했다. 그러나 지지층 가운데 "잘못했다"고 나무라는 사람은 거의 없다. 사후 확증 편향의 평론가들이나 "내 이럴 줄 알았다"며 하나마나 한 소리를 떠들 뿐이다.

지지층은 오히려 적폐 세력이 커밍아웃하는 계기가 되었다고 해석한다. 노무현 대통령이 말한 '원칙 있는 실패'에 대해 민주 진영 지지층은 추미애 장관을 격려해 주면서 다시 대열을 정비하고 있다.

전 세계 최고의 촛불 시민들이 이 나라 민주 진영의 지지층이다. 이들이 수사권/기소권 완전 분리 및 윤석열 검찰총장 탄핵을 요청하고 있다. 여의도의 계산법이 민주 진영 지지층보다 지혜롭다고 생각하지 않는다.

민주주의는 열망으로 작동하는 시스템이다. 그 열망의 근원이 촛불 시민이라면, 이미 지혜로운 검토까지 끝낸 것으로 여기는 게 자연스럽다. 민주 진영 지지층의 열망과 지혜로움을 신뢰한다면 '원칙 있는 성공'은 충분히 가능하다.

'자연인 윤 총장'을 단죄하자는 게 아니다.

지금까지 나는 수사권/기소권 완전 분리와 윤 총장 탄핵 두 가지를 주장했다. 탄핵 부분에서 이견이 적지 않다. 윤 총장 한 명이 수구 카르텔의 전부는 아닌데 굳이 그를 '키워 줄' 필요가 있느냐고들 한다.

탄핵은 자연인 윤 총장에 대한 단죄가 아니다. 수구 카르텔의 중심 역할을 하고 있는 검찰 조직의 예봉을 꺾어야 나머지 과제들의 합리적·효율적 배치가 가능하기 때문에 탄핵은 꼭 필요하다.

우리 정치의 역사에서 검찰총장 탄핵이 낯선 것도 아니다. 국민의정부 시절, 지금 국민의힘 전신인 야당은 무려 다섯 차례에 걸쳐 검찰총장 탄핵안을 발의했다.

법원이 탄핵을 무력화시킬 것이기 때문에 무용하다는 우려도 있다. 국회는 탄핵 요건이 적법한지만 따져 본 다음 할 일을 하면 된다. 나머지는 사법부 몫이고, 그것이 삼권 분립의 정신이다.

한편으로는, 그간 우리들의 무기력이 법원으로 하여금 '엉뚱한 판단을 해도 괜찮겠구나'라는 마음이 들도록 방조한 것은 아닌지 생각해 봐야 한다. 더불어민주당 정권이 '약해' 보이니까 최근의 '판결들'이 나왔다고 추론하는 입장이다. 그런 '판결들'에서는 누가 더 강한가, 누가 이기는가에 따라 향배가 달라질 수 있다.

관련하여 법원의 윤 총장 징계 집행정지 인용 판결문을 보면, 판사 사찰은 잘못이라고 하면서도 징계의 효력을 정지시키는 모순된 논리가 버젓이 쓰여 있다. 나는 이 모순을 '법원의 퇴로 마련'이라고 해석한다. 민주 진영의 힘이 커지면 '다른 판결'을 할 수 있는 알리바이를 미리 심어 놓은 것으로 짐작한다.

지금까지 논지에 따라 결론을 다시 주장한다. 국회는, 더불어민주당 정권은, 촛불 시민의 명령을 잘 받아써야 한다. 거기에 길이 있다.

"(…) 촛불을 든 시민이 전위라면 정치는 반걸음 뒤에 선 후위가 되어야 한다. 이 순간 촛불보다 앞서 계산하고 촛불 몰래 타협하는 정치는 주권자를 유린하는 범죄다. 혁명의 아침, 정치인과 지식인의 유일한 의무는 시민들의 말을 받아쓰는 것이다."[13]

촛불이 광화문 광장을 가득 메우던 4년 전 이맘때 박구용 교수(전남대학교 철학과)가 『한겨레』에 쓴 칼럼의 일부다. 그때처럼 오늘도 우리 정치는 시민들의 말을 받아써야 한다.

송구한 말씀 드린다. 나를 포함해 민주 진영의 국회의원들은 지지자들보다 한 걸음 앞선 수준의 정치적 판단을 하고 있다는 진보적 엘리트주의에 빠져 있는 것은 아닌지 살펴야 한다. 그 엘리트주의가 "촛불보다 앞서 계산하고 촛불 몰래 타협하는 정치"라는 의심을, 다름 아닌 지지층으로부터 받고 있다.

우리를 뽑아 준 지지층에게 "결코 그렇지 않다"고 말하려면, 지금 곧바로 행동에 들어가야 한다. 지지층이 가리키는 방향이 행동의 준거 틀이다. 주권자 시민들, 지지자들의 명령을 잘 해석하고 그 명령을 수행할 수 있는 제도 기획, 입법 행동의 디테일을 설계하는 데 진보적 엘리트주의의 유용성이 있다. 방향 결정은 주권자 지지층의 몫이다.

우리 모두가 아는 것처럼, 강한 것이 옳은 것을 이긴다. 따라서 옳으면서도 상당량의 제도적 힘을 갖고 있는 강한 민주 진영이 질 이유는 없다. 민주당 정권의 악습이라 할 수 있는 '햄릿의 고뇌'에서 벗어나 결단하고 행동하는 것이 필요할 뿐이다.

민주 진영이, 그리고 (대통령을 포함한) 더불어민주당 정권이 법과 제도를 존중하는 명분은 충분히 쌓았다. 이제 쓸 수 있는 입법 권력의 최대치를 행사해야 한다. 여기서 머뭇거리면 다시 암흑이 덮칠 수 있다. 길고 어두운 터널로 빠져들 것이다.

무엇을 어떻게 할 것인가, 답은 간단하다. 지지자들의 지시, 우리를 탄생시킨 촛불 시민의 명령에 잘 따르면 된다.

사회학자 지그문트 바우만(1925~2017)은 "정치는 지금 무엇을 해야 할지 결정하는 능력"이라고 했다. 나아가 "정치는 일이 되게 하는 능력이다. 우리에게 힘이 있다면 욕망하는 대로 만들 수 있다, 만약 힘이 있다면⋯⋯"이라고 부연했다.

1980년 5월에, 1987년 6월에, 2016년 겨울에, 그토록 갈망했던 힘이 민주 진영에 있다. 공적 욕망도 충만하다. 더는 머뭇거릴 수 없다. 다시 촛불 시민들을 거리로 불러내지 말아야 한다. 온라인에서 이미 촛불은 타오르고 있다.

촛불 시민이 다시 거리로 나설 수밖에 없는 상황이 온다면, 그때는 촛불이 민주 진영의 대표들, 곧 더불어민주당 정권에게 책임을 물을 것이다. 지지층의 분노야말로 민주 진영의 정치적 대표자들이 가장 두려워해야 할 '역풍'이다.

주석

1 E. E. 샤츠슈나이더/이철희 역, 『민주주의의 정치적 기초』, 페이퍼로드, 2010, pp. 35~36.

2 최장집, 『어떤 민주주의인가』, 후마니타스, 2007, p. 27.

3 일상적 어법으로 수구 정당은 보수 정당이라 불린다. 예컨대 국민의힘을 보수 정당이라 고 부르는 것이다. 그런데 국민의힘 같은 한국의 보수 정당이 어떤 보수적 가치를 지키 고 추구하는지 모호하다는 점에서 보수 정당이라는 타이틀은 적절하지 않다. 이전까지 는 그나마 수구 정당이라는 말이 국민의힘 계열 정당에 근접했는데, 지금은 그나마도 아닌 것 같다. 현재 국민의힘은 그냥 검찰 정당이라 해야 적절할 것이다.

4 최장집, 『민주화 이후의 민주주의』, 후마니타스, 2014, pp. 35~36

5 위의 책, p. 36.

6 최장집이 실제로 묶은 것은 아니다. 하지만 책의 부제 '한국 민주주의의 보수적 기원과 위기'가 말하듯 최장집은 한국 정치의 보수화를 밝히는 데 중점을 두면서 국민의힘 계 열과 더불어민주당 계열의 정당을 특별히 구분하지 않았다. '이념적으로 협애한 정당 체제의 형성'이라는 개념 틀로 두 정당을 한 바구니에 넣었다.

7 국민의힘은 스스로 '우파'임을 부인하지 않지만, 진보 정당 계열의 정당은 '좌파'를 선언 하지도, 인정하지도 않았다. 한국 사회에서 '좌파'는 일반적인 통용법과는 사뭇 다르게 부정적인 의미로 인식되고 있어서일 것이다. 그래서 '좌파'라는 말을 붙이지 않았다.

8 책세상 출판사의 Vita Activa 개념사 시리즈 참고.

9 최장집 엮음·박상훈 옮김, 『막스 베버 소명으로서의 정치』, 후마니타스, 2011, 82~88쪽, 210~215쪽 참조.

10 민형배, 「호남에서 '조국 찬성' 여론 높은 세 가지 이유」, 『오마이뉴스』, 2019. 9. 13.

11 민형배, 「윤석열 탄핵, 역풍은 오지 않는다」, 『오마이뉴스』, 2020. 12. 28.

12 임혁백, 「사법쿠데타에 의한 브라질 민주주의의 전복」, 『한겨레』, 2020. 12. 24. 참조. URL: http://www.hani.co.kr/arti/opinion/column/975792.html

13 박구용, 「[세상 읽기] 시민불복종에 복종하는 정치」, 『한겨레』, 2016. 12. 6. URL: http://naver.me/FgiUuUIZ

검찰 정부는 끝났다
대한검국을 대한민국으로 되돌리자

권력은 쪼개질수록 좋다. 권력들 간의 가장 좋은 관계는 균형이다. 이 두 가지가 권력에 대한 나의 확신이다.

쪼개질수록 좋다는 것은 원리이다. 인류 역사는 하나로 집중된 권력이 여러 개로 쪼개지는 과정이었다. 민주주의는 인구 수 만큼 권력이 쪼개져 있다. 혹은 인구수 만큼 권력을 쪼개려는 노력이 민주주의다. 원리적으로 그렇다는 것이다.

모두가 등가의 권력을 갖고 공동체를 운영하는 건 불가능하다. 대표를 뽑아 내 권력을 한시적으로 위임한다. 정치권력의 탄생 배경이다. 어떤 권력은 훈련된 전문가에게 맡긴다. 직업적 안정성을 보장해 주어 엄격한 기준에 따라 권력을 운용하도록 한다. 관료 권력의 성립 방식이다.

위임받았다 하더라도 일단 형성된 권력은 자의성을 가진다.

주권자 시민에게 일일이 결재를 맡을 수는 없다. 주어진 법적 기준에 따라 권력들은 스스로 판단하고 행동한다. 주권자 시민의 뜻과 일치할 때도 있고 어긋나기도 한다.

위임받은 권력들은 견제와 균형의 원리에 따라 배치된다. 균형은 이념적인 지향이다. 현실에서 권력은 늘 불균형 상태이다. 어느 한 권력이 다른 권력에 비해 더 많고 강한 힘, 곧 '초과 권력'을 지닐 수 있다. 다른 권력이 그 초과 권력을 견제함으로써 일탈을 막고, 권력들 간의 균형을 꾀한다. 민주주의에서 권력들 상호간의 작동 방식이다.

흔들리는 저울추처럼 권력은 늘 불균형 상태이지만, 일정한 진폭이 유지된다면 장기적으로 그리고 경향적으로 권력들은 균형을 유지한다. 너무 멀리 나가지 않고, 다시 균형점으로 회귀하는, 균형과 불균형의 반복이 잘 작동하는 민주주의이다.

한국 검찰의 문제는 두 가지다. 하나는 너무 많은 권력을 가졌다는 사실이다. 또 하나는 검찰을 견제할 다른 권력이 사실상 없다는 점이다. 그 결과 검찰 권력은 자신들조차도 '초과 권력'의 한계를 알 수 없을 만큼 크고 센 힘이 되어 버렸다.

크고 센 힘이 공익을 위해 쓰이면 좋지 않겠느냐는 의견이 있다. 큰 범죄를 다루려면 자신들의 힘도 그만큼 커야 한다는 검찰의 논리이기도 하다. 그렇지 않다. 지나치게 크고 세면 무엇이 '공익'인지조차도 자신들이 규정짓는다. 윤석열 검찰은 원자력을 공익이라 규정하고 신재생 에너지 '정책'을 압수수색했으며, 살아 있는 권력을 수사하는 게 공익이라면서 법무부 장관 딸의 일기장까지 압수수색했다. 초과 권력이 그 초과분을 '공익'을 위해 쓴 사례를 나는 알지 못한다. 아무리 좋은 의사라도 스스로를 수술할 수는 없다. 초과 권력의 오류를 치료할 수 있는 힘은 다른 권력의 강제력뿐이다. 그것이 견제이다.

불균형으로 인해 탄생한 초과 권력은, 자신들의 권력을 여러 권력들 중 하나로 단순 환원하지 않는다. 스스로를 최상위에 놓고 다른 권력들을 하위로 배치한다. 박정희가 그랬고, 전두환이 그랬다. 지금은 검찰이 그러고 있다. 초과 권력은 자신의 의지를 관철시키는 수단으로 다른 권력을 부린다. 견제 받지 않으므로 균형은 없다.

지금의 검찰 권력은 감사원, 국정원, 경찰을 하부로 배치했다. 한때는 시민 권력이기도 했던 언론을 하위 파트너로 삼고 있으며, 한동안 '독립적'이었던 보수 정당까지 제 입맛대로 다루고 있다. 검찰 권력에 맞서고 있는 유일한 부문은 더불어민주당과 일부 야당, 그리고 공수처 정도다. 법원은 독자성을 유지하면서도 사안에 따라 검찰과 공조하는 모습을 보이고 있다. 법원의 한 부문이라 할 수 있는 선거관리위원회를 검찰 권력의 하위로 배치하는 '공작'이 지금 한창 진행 중이다.

벌어지고 있는 이 모든 일들에서 '공익 추구'의 흔적은 발견되지 않는다. 공익 추구의 흉내를 내려고 '마약과의 전쟁'을 선포했으나 결과는 '이태원 참사'였다. 공익 추구의 흉내를 내려고 날마다 압수수색하고, 이틀이 멀다 하고 영장을 청구하고 있으나 그 대상은 예외 없이 '정적政敵'이다. 초과 권력은 결코 선하게 쓰이지 않는다.

이명박 정부는 정권 초기에 치러진 총선에서 과반을 훌쩍 넘긴 의석을 차지했다. 잘못 뽑았다는 후회를 주권자들이 할 즈음은 정부와 국회가 '이명박의 것'이 되고 난 다음이었다. 윤석열 정부는 과반을 훌쩍 넘긴 '야당'과 함께 정권을 출범시켰다. 잘못 뽑았다는 후회가 한창일 때 강서구청장 보궐 선거를 치러 참패했고, 곧이어 총선을 치르게 된다.

검찰 조직을 총동원해 야당 대표를 구속시키려 하고, 국정원을 앞잡이 삼아 선관위를 흔들고, 올드보이를 소환해 언론 탄압을 시작하는 등의 작업은 모두 총선을 겨냥한 초과 권력 사용에 다름 아니다. 행정 권력 장악에 이어 의회 권력까지 삼키려는 '혼신의 노력'이다. 그러나 결코 성공하지 못할 것이다. 이명박의 사람들로 여러 '공작들'을 추진하고 있으나 지금은 그때와 다르다.

다수 의석을 확보하려는 시도가 잘못은 아니다. 그 방식이 비민주적이어서 문제다. 주권자의 마음을 얻으려는 실질적인 노력은 팽개친 채 없는 죄를 만들거나, 잘해 봐야 조그마한 잘못을 큰 범죄인 양 떠들어대는 '검찰의 방식'으로 정치를 하고 있다. 다시 말해 그들에게는 정치가 없다. 범죄자냐 아니냐만 있다. 실상은 범죄 유무에도 관심이 없어 보인다. 범죄자인 것으로 상징 조작을 할 수 있느냐 없느냐에만 골똘하고 있는 것 같다.

이 와중에 대통령이 재산 신고한 땅 쪽으로 고속도로가 변경된다. 국민 소유라 할 수 있는 한국전력공사와 한국마사회는 국민적 동의 절차는 전혀 없이 YTN을 민간 기업에 팔았다. 화끈한 부자 감세가 있었고, 그 부족분은 국가 R&D 예산을 탈탈 털어 메우고 있다. 대통령 집안의 치부를 위해, 혹은 대통령 '친구'들의 사익을 위해 초과 권력이 쓰이고 있는 것이다. 한반도 평화와 외교에서도 비슷한 흐름이 감지된다.

국격을 떨어뜨리고, 국력을 아낌없이 낭비하며, 민주주의를 스스럼없이 파괴하는 데 초과 권력이 동원되고 있으니 '이게 나라냐'는 말이 다시 나올 수밖에 없는 상황이다.

윤석열 정부의 탄생과 함께 이 같은 일련의 사익 추구는 예상되는 것이었다. 박정희나 전두환에게서 익히 보았다. 검찰총장 윤석열 때부터 부인과 장모를 통해 그 징후는 충분히 드러났다. 일개 검사들의 비리 의혹이 무마되는 몇 개의 굵직한 사건을 통해서도 확인할 수 있었다. 그래서 더불어민주당은 검찰 권력의 크기를 줄이고자 좀 더 큰 폭으로 검·경 수사권을 조정하려 했다. 검찰만을 겨냥한 것은 아니지만, 검찰 견제를 주목적으로 공수처를 설립했다.

모든 혁명에는 반혁명이 뒤따른다. 검찰은 초과 권력으로 초과 권력을 지키기 위해 사활을 걸고 있다. 자신들의 카르텔을 총동원했다. 문재인 정부는 시스템을 존중하면서 시스템을 개혁하려 했고, 더불어민주당은 법을 고치는 데 동의하는 정도에서 검찰 정상화에 '살짝' 힘을 보탰다. 입법 외 다른 곳에서 벌어지는 '전쟁'에는 의견이 갈렸다. 더불어민주당 내, 검찰 정상화를 힘 있게 추진하자는 세력은 다수가 아니었다.

대한민국을 대한검국으로 추락시킨 검찰 정부는 딜레마에 빠졌다. 헌법재판소 권한쟁의 심판 청구 기각, 이재명 당대표 구속영장 기각, 강서구청장 보궐 선거 참패 등등, 본인들의 무능과 무기력이 거듭 확인되면서 주춤거리기 시작했다. 검찰 권력의 무한 도전은 한계에 직면했다. 돌파구를 찾기 위해 익히 봐 온 압수수색과 영장 청구 남발이 예상되지만, 그것들이 예전과는 다르게 잘 먹히지 않을 것이라는 점도 충분히 짐작된다.

이즈음에서 윤석열 검찰 정부의 성격 규정을 다시 해야 할

필요성을 느낀다. 그들은 무소불위의 힘으로 대한민국을 대한
검국으로 추락시킬 그 능력조차 없는 이들이다. 범죄를 전제해
야만 검찰의 힘은 돋보인다. 그래서 없는 범죄도 만들려고 그렇
게 법석을 떨었던 것이다. 범죄가 없거나, 사소한 실수에 불과
하다면 검찰의 칼은 힘을 발휘하지 못한다.

언론이 아무리 지원 사격을 하더라도 그들은 후방의 치어
리더일 뿐이다. 전선의 맨 앞자리는 검찰 몫이다. 여기에서 무
너지면 후방의 지원 사격도, 보수 정당의 어쩔 수 없는 충성
도, 하위 권력들의 억지 하청 작업도 아침 이슬처럼 증발할 것
이다. 그 상황이, 지금 목전에 와 있다. 지금까지 검찰의 행동은
무언가를 장악하려는 것처럼 보였으나, 기껏해야 자신들의 생
존을 위한 임시방편임이 드러났다. 장악에 필요한 실력도 없어
보인다.

권력에도 생산성이라는 게 있다. 박정희는 '배고픔을 해결
했다'며 자화자찬했고, 전두환은 '물가를 잡았다'는 생색이라도
냈다. 주권자 시민들은 독재자들의 그러한 홍보를 어느 정도
수용했다. 일말의 진실이라도 담보했기 때문이다. 이명박 정부,
박근혜 정부가 어떤 생산성을 창출했는지 아무도 모른다. 그
나마 나라의 온갖 지표들을 한꺼번에 곤두박질치게 하지는 않
았다는 점이 그들의 '생산성'이다. 예컨대 그들은 국가 R&D 예

산은 건드리지 않았다.

검찰 정부의 생산성은 마이너스다. 역대 어느 정권보다 최악이다. 많은 문제들이 있더라도, 정치적 쟁투에 주권자 시민은 관용적이다. 하지만 경제, 외교, 안보, 안전 등 온전히 집권여당이 책임져야 하는 통치의 생산성에는 민감하다. 검찰 정부의 낮은 생산성은 술자리 안줏감으로도 더 이상 거론되지 않는다. 나아지길 기대하는 것조차 포기해 버렸다. 달리 말하면, 검찰 정부는 끝났다.

끝났다고 해서 주권자 시민이, 혹은 민주 진영이 승리한 것은 아니다. 끝났으나 검찰 정부는 좀비처럼 살아 있다. 세계 최고의 민주 국가답게 제도를 완성하는 방식으로 승리를 쟁취해야 한다. 내년 총선의 압승이 꼭 필요한 결과이겠지만, 그 결과를 이끌어 내기 위해서는 지금의 싸움을 치열하게 해야 한다. 대상은 '수구 카르텔'이며 그 맨 앞자리에 검찰 권력이 자리하고 있다. 지금은 검찰의 초과 권력 행사를 막아야 하는 치열한 투쟁의 시간이다. 그 싸움을 함께하자고 나는 이렇게 말하고 있다. 우리는 그동안 방어조차 제대로 하지 못했다. 공격이 최선의 방어다!

검찰 정상화는 검찰을 해체하자는 것이 아니다. 그들이 가진 초과 권력을 환수해 주권자 시민을 위한 권력으로 재탄생시키자는 것이다. 권한을 쪼개고, 실질적인 견제 장치를 두어 권력들 간의 균형을 유지시키자는 것이다. 그들이 지금껏 보여 주었고, 앞으로도 꾸준히 보여 줄 것으로 예상되는 초과 권력의 사적 이용, 국정 무능력, 정치적 유아병, 그리고 이러한 것들의 기초가 되는 검찰 정부의 폭력성을 순치시키자는 것이다.

검찰 정부는 너무 멀리 나갔다. 몸집이 무거워 스스로 되돌아오지도 못한다. 그대로 침몰하도록 내버려두자. 대한민국에 유능한 인물들은 아주 많다. 칼 휘두르는 것 말고는 할 줄 아는 게 아무것도 없는 검찰 정부에게 주권자 시민이 기대할 수 있는 것 또한 아무것도 없다. 이 처참한 시대에도 새싹처럼 돋아날 소망을 갖자. 대한검국을 대한민국으로 되돌리자.

글 하나를 더 보탠다. 황풍년 전 전라도닷컴 편집장(현 광주문화재단 대표이사)이 낸 책 『전라
도, 촌스러움의 미학』을 소개하는 글이다. 황풍년과 나는 기자라는 공통분모를 갖고 전라
도의 한 시대를 관통했다. 나는 지금 현실 정치의 영역에서 좌충우돌하고 있고, 황풍년은
전라도 미학의 탐구자로 살고 있다. 황풍년의 책이 '문화의 옷을 입은 정치 담론서'라는 게
내 생각이다. 나는 스스로 '광주'를 정치의 기준으로 삼는다고 강조했다. 어쩌면 내 정치의
저 깊은 곳에 황풍년이 길어 올린 '촌스러움의 미학'이 있지 않을까, 있으면 좋겠다고 생각
했다. 광주가 내 정치의 기준이듯, 황풍년의 책 또한 내 말과 행동의 기준이다. 그래서 『전
라도, 촌스러움의 미학』을 소개한 글을 여기에 남겨 독자들과 공유하고자 한다.

전라도와 전라도인에게
최소한의 예의 갖춰라

전라남도 광주에는 한 달에 한 번 나오는 「월간 전라도닷컴」
(www.jeonlado.com)이라는 잡지가 있다. 2000년 창간 당시 인
터넷 잡지로 출발해 '닷컴'이 붙어 있다. 두 해 뒤에 종이로 만
든 『월간 전라도닷컴』을 내놓았다. 2016년 9월 현재 173권을
선보인 『월간 전라도닷컴』의 모토는 "전라도 사람, 자연, 문화
가 있습니다"이다.

『월간 전라도닷컴』은 전라도의 어제와 오늘을 사람, 자연, 문화의 시각 틀로 꼼꼼히 기록하고 있는 '귀한' 잡지이다. 둘러봐도 이런 잡지 찾기가 쉽지 않아서 귀하고, 손 큰 이의 후견 없이 자력으로 발행하고 있어 귀하다. 그래서일까. 도올 김용옥 선생은 "대한민국에서 제일가는 잡지"라고 극찬했고, 오래전부터 애독자였던 박원순 전 서울시장은 "우리 사회가 건강하다면 이런 잡지 하나쯤은 있어야 한다"는 평을 남겼다. 우리 사회가 병들었다는 징표였을까? 꼭 두 해 전 이맘때 전라도닷컴 사이트는 '일베'의 공격을 받아 그동안 쌓아 둔 데이터를 날릴 뻔한 위기를 겪기도 했다.

특별한 유명세를 갖고 있지는 않지만 전국에 걸쳐 마니아 독자층을 거느리고 있는, 속이 꽉 찬 잡지가 『월간 전라도닷컴』이다. 이 전라도닷컴의 황풍년 편집장이 책을 한 권 냈다. 제목은 『전라도, 촌스러움의 미학』(이하 『전라도 미학』)이다. 전라도와 닷컴의 짝짓기가 생경하듯이 촌스러움과 미학의 조화도 조금 낯설다. 그러나 책을 넘기다 보면 촌스러움과 미학이 얼마나 잘 어울리는 한 쌍인지를 깨닫게 된다. 더군다나 그 촌스러움의 근원지가 전라도라면 어울림은 몇 배로 증폭된다. 모두에게 그런 감흥을 준다고 장담은 못하겠지만 필자가 읽은 『전라도 미학』은 확실히 그랬다.

황 작가, 16년간 전라도 곳곳 누벼 온 현장 투시 전문가

전라도의 강력한 힘을 '공감 능력'에서 찾아

당초 전라도(全羅道)는 전주(全州)와 나주(羅州)의 머리글자를 따서 만든 지명이다. 그러나 단순한 땅 이름이 아니다. 전라도와 가장 가까운 말은 '호남(湖南)'일 텐데, 이 둘의 뉘앙스와 용도 차이는 크다. 호남이 주로 정치적 맥락에 사용된다면 전라도는 문화와 역사 영역에서 활발하게 쓰인다. 특히 긍정적이든 부정적이든 간에 화자의 주관이 강하게 작동하는 말이 '전라도'이기도 하다. 말을 둘러싼 사정이 이렇다 보니 '전라도'의 면모는 찰나나 단편이 아닌 구조 속에서 온전히 드러난다. 바로 이 책『전라도 미학』이 구조를 분해·조립하는 방법론을 활용해 '전라도'와 '촌스러움'과 '미학'을 종횡무진 엮고 있다.

『전라도 미학』은 전라도의 힘과 맛, 맘과 멋이라는 네 요소(element)에 주목한다. 그러면서도 그들의 상호 연관을 놓치지 않는다. 힘은 마음의 외적 표현이다. 맛이 내적 체험의 영역이라면 멋은 외양이다.『전라도 미학』은 전라도가 내장한 이들 네 요소와 그들의 상호 연관이 빚어내는 여러 양태를 살피며 '전라도'의 전모를 드러낸다. 이 작업을 수행하는 저자의 기초 체력도 탄탄하다. 그는 열여섯 해 동안 전라도 곳곳을 누벼 온 현장 투시의 전문가다.

먼저 저자가 꼽는 전라도 힘의 원천이요 으뜸은 '촌스러움'이다. '손님이 오면 가장 먼저 밥부터 차리는' 마음, 굶어죽거나 얼어 죽을 처지에 있던 유배객 다산을 품어 낸 노파의 연민이 촌스러움이다. '따순 밥 한 그릇'으로 비유할 수 있는 이런 행위는 인간의 가장 아름다운 본성이자 전라도의 강력한 힘이다. 저자는 그 힘의 작동을 도처에서 읽어 낸다. 무수한 무명씨들이 빚어낸 오지게 풍성한 전라도 말에서부터 '세월호 3년상을 치르는 광주시민상주모임' 회원들이 유가족과 동행하는 걸음걸음에까지. 저자가 포착한 전라도의 촌스러움은 다름 아닌 공감 능력이다. 타인의 아픔에 자기 마음을 '온놈으로'(통째로) 담가 버린다. 그 능력, 그 마음이 곧 촌스러움이다.

촌스러움의 주체는 사람이다. 그래서 전라도의 촌스러움을 이야기하는 이 책 곳곳에는 전라도 사람들 이야기가 풍성하게 담겨 있다. 사람들 중에서도 '할매'들 이야기는 특별하다. 말 같기도 하고 노래 같기도 한 '할매'들의 읊조림을 활자로 읽을라치면, 도대체 읽는 것인지 듣는 것인지 헷갈릴 때가 많다. 수십 년 동안 몸 안에 쌓인 연륜의 콘텐츠가 짱짱해서일 것이다. 하지만 기록자의 능력과 열성이 없으면 그 연륜을 활자화시키기는 쉽지 않다. 책 속 할매들로 인해 겪는 생생한 체험은 저자와 함께 『월간 전라도닷컴』을 꾸려 온 동료이자 '할머니 전문'인 남인희·남신희 자매 기자가 늘 지켜 온 존중과 경청의 자세 덕

분이기도 하다.

　전라도의 맛-멋은 이런 힘-맘과 어울려 이 책에서 전라도 미학을 한껏 뽐낸다. 그 유명한 '전라도 손맛'을, 전라도 사람들은 대부분 '어깨 너머로' 배우며 성장한다. 부러 폼 잡으며 학습하지 않는다. 음식으로 익힌 손맛은 어느새 묵직한 생애를 지탱하는 살림의 손맛으로 이어진다. '쇠털같이 많은 날들의 온갖 간난신고를 꿋꿋하게 헤쳐 오신 장한 손들'이 그 주인공이다. 전라도 손맛은 '구도심 시장통 곽일남 아짐의 감동적인 첫 작품 닭 그림'으로도 이어진다.

　나는 『전라도 미학』 속에서 일종의 당김음(syncopation)과 같은 선율을 느낀다. 당김음은 선율의 진행 중에 센 박이 여린 박으로 변하고, 여린박이 센박이 되어 셈여림의 위치가 바뀌는 것을 말한다. 음악에 긴장감이나 반전의 재미를 더해 주는 효과를 낳는다. 저자는 전라도를 구성하는 네 요소인 힘과 맘, 맛과 멋을 당김음처럼 경쾌하게 변주한다. 감정선을 깊게 이동시키기도 하고 구성을 더 내밀하게 빚어내기도 한다.

　그렇게 마련한 전라도 미학의 탄탄한 구조 위에 저자는 마침내 '사람'을 올린다. 네 요소의 최종적인 행위 주체인 '전라도 사람들'이다. 남도 갯마을 팔순의 아재가 찰방찰방 바닷물을 차며 걷는 걸음걸이와 뒤태를 보고 저자는 '노병의 진군'과도 같은 위엄을 읽는다. 이와 같은 '전라도 사람들'에 대한 매혹적인 묘사들이 책 속에 가득하다. 그 바탕에는 치밀한 전라도 미학이 있다.

저자가 마련해 둔 이 구조적 장치는 참으로 매혹적이다. 풍부한 소재를 모으고 구조의 내면을 파고들며 저자는 증명한다. '전라도'는 생명들의 공동체를 희구하는 열망의 언어이며, 온갖 삿된 것에 저항하는 가치의 집합체임을. 『전라도 미학』은 한 지역에 대한 사회 문화적 이해를 넘어 인간성에 대한 깊은 통찰을 제공하고 있다. 이 책에 '전라도 인문학 개론' 혹은 '전라도 입문서'라는 부제를 붙여도 어울릴 것 같다.

전라도 사람들의 눈물과 인내, 인간적 당당함 담아

매혹적 묘사, 덩실덩실 어깨춤 같은 문장 보는 즐거움도

이즈음, 저자가 이 책에 숨긴 의도는 뭘까 궁금해졌다. 왜, 지금, '전라도 미학'을 말하는 것인가. 나는 시대정신으로 보았다. 풀어 말하면 인간성의 고양과 '호남'의 의미 찾기다. 정치 언어로서 '호남'은 문화 언어로서 '전라도'를 탑재하지 못하고 있다는 게 저자의 직관이다. 저자는 지금 우리에게 절실한 그 뭔가를 '전라도'에서 읽어 내려 하고 있는 것이다.

전라도와 전라도 사람들에게 최소한의 예의를 갖추라고, 저자는 세상을 향해 요구한다. 한국 사회의 영혼을 살찌워 온 '곳간' 전라도에 침을 뱉지 말라고 항의한다. 세상에 분노하고 좌절하는 이들에게 '전라도 사람들'의 뜨거운 눈물과 인내, 그리고 인간적 당당함을 보여 주며 위로하고 싶어 한다. 저자가 누구라도 함부로 대하면 안 되는 '전라도'를 강조할 때, 우리는 유추한다. 무명씨라는 이유로, 혹은 나와 다르다는 이유로, 누구라도 누구를 함부로 대하면 안 된다는 보편의 가치를.

저자의 문장을 음미하는 것은 이 책을 읽는 또 다른 큰 즐거움이다. 제목에도 큼직하게 쓰인 '촌스러움'이라는 말은 언뜻 문화적 차별의 뉘앙스를 풍긴다. 촌스러움이라니, '촌'이 어쨌다고. 책을 읽다 보면 도발의 예상은 보기 좋게 빗나간다. 저자가 보여 주는 전라도의 촌스러운 삶은 담백하고 성실하다.

촌스러운 사람들은 내남없이 한데 어울려 구김 없이 쾌활하다. 세상의 모든 생명에 연민을 품는다. 알고 보면 '촌'은 우리 모두의 태생지이자 지금도 우리의 목숨줄을 부지해 주는 생기의 곳간이다. 욕망의 전쟁터가 된 지금 사회에 대처할 신문명론이 바로 '촌스러움'에 있다. 이 공감은 모두 저자의 글솜씨가 매개한 것이다. 전라도 할매들과 저자가 덩실덩실 함께 추는 어깨춤 같은 문장들 몇 개만 살펴본다.

"초가 옆으로 우뚝 솟은 수은행나무를 말아 감고 분홍빛 선명한 꽃망울이 벙글벙글 피었다. 우듬지까지 기어올랐던 꽃들이 바람에 흔들리다 팽그르르 떨어지며 허공을 긋는다."(23쪽)

"한겨울 몸서리나게 매서운 찬바람을 맞으며 하염없는 호미질과 조새질로 굴을 캐고 추리고 발라내는 아짐들의 한 생을 발견할 때 비로소 남포 굴의 참맛을 음미할 수 있으리라."(112쪽)

"올망졸망 돌담 밖으로 주렁주렁 곶감 매달은 가지가 휘휘 늘어지고, 하얀 깨꽃 너머로 호박덩굴이 무성하게 기어간다. 땡볕의 서슬에 논도 밭도 숨을 죽이는데 장마 뒤끝이라 뒷동산 계곡을 훑고 내려온 시냇물만 기세 좋게 찰랑찰랑 흘러간다."(127쪽)

"맵찬 겨울바람이 무시로 불어대는 오일장도 눈물겨운 손들의 집결지다. 소가죽처럼 거칠고 질긴 손들에 박힌 지긋지긋한 고난의 이력에도 불구하고 내놓은 말씀들은 무심한 듯 평화롭고 곱기만 하다."(264쪽)

저자의 문장이 안내하는 〈전라도 미학〉은 왕대마을 윤순심 할매의 '인간론'을 빌어 완성된다. "아가, 공부 많이 헌 것들이 다 도둑놈 되드라. 사람은 속에 든 것에 따라 행동이 달라지는 법이니 내 마음을 지켜야제 돈 지키느라고 애쓰지 말아라."(321쪽)

전라도의 정수를 담은 책이자 문화의 옷을 입은 정치 담론서
호남의 정치인, 호남에 관심 가진 정치인들에겐 필독서

『전라도 미학』은 일반 글쓰기 교재로는 물론이고, 각 학교에서 '전라도학' 교과서로 쓰인다 해도 부족함이 없다. 무엇보다 호남의 정치인, 호남에 관심 가진 정치인들에겐 필독서다. '전라도'를 제대로 이해하지 못하고서는 이 땅에서 바른 정치인의 길을 걷기 난망하다. 저자는 역사의 심연에서 '전라도적인 것'의 원형질을 길어 올린 다음, 인간성이 통째로 무너지고 정의로움이 엷어지는 시대에 대해 진지하게 성찰한다. 그래서 『전라도 미학』은 문화의 옷을 입은 정치 담론서이기도 하다.

모처럼 '전라도'의 정수를 담은 책을 읽었다. 황풍년 씨는 저자이면서 이미 그 자체로 '전라도'이다. 그가 용인하든 용인하지 않든 그는 한때 또 다른 나였다. 우리는 기자라는 공통분모를 갖고 전라도의 한 시대를 통과했다. 나는 지금 현실 정치의 영역에서 지역 자치를 고민하고 있고, 그는 전라도 미학의 올곧은 탐구자로 살고 있다.

그는 "글로 업을 삼는 나약한 손으로 위대한 손의 역사와 권 있고 게미진 말씀을 기록하고 쌓아 왔으니 나는 실로 분에 넘치는 행운을 누려 온 셈"이라고 말한다. 아니다. 행운을 누린 사람은 이 책 읽을 기회를 누린 나다, 우리다. 그런 행운을 선

사한 그가 "큰일이다. '지역'이라는 꼬리를 앞에다 붙이는 온갖 장르의 '문화'가 시들시들 신명을 잃어 가고 있는가 보다"고 걱정한다. 뜨끔하다. '한때의 나 자신'인 그가 내게 부과하는 숙제처럼도 들린다.

『전라도 미학』은 황풍년의 글을 빌어 전라도가 전하는 말이다. 그 말의 핵은 세상살이 '뭣이 중한지 알고나 살아라'라고 나는 독해한다. 담백하고 고운 문장 속에서 튀어나오는 이처럼 촌스러운 메시지로 인하여 내 정신은 굳은 어깨를 풀 때처럼 아프고 시원하다. 나는 『전라도 미학』이 많이 팔리기를 갈망한다. 누구라도 전라도를 좀 더 잘, 많이 알았으면 좋겠다는 마음에서 그렇다. 많이 팔리면 『월간 전라도닷컴』 살림살이에도 도움이 되겠다 싶어서 또한 그렇다. 무엇보다도 아프면서 시원한 정신의 자각을 함께 경험해 봤으면 해서 그렇다.

나는 『전라도 미학』이 대한민국에서 제일가는 전라도에 관한 텍스트이자, 전라도가 여전히 건강하다는 점을 웅변하는 책의 증거물이라고 확신한다. 전라도 사람으로서 황풍년 작가에게 "고맙다"는 말을 전하지 않을 수 없다.

〈「검찰청법」·「형사소송법」 발의 과정〉

2021. 2. 1.   검찰청법, 형사소송법 민형배 의원 대표발의

2022. 4. 18.   국회 법사위 '소병철·민형배 위원 사·보임'

            (소위 심사) 4. 18.~4. 26. 법사위 소위 총 5회 개최

            직접 수사개시 범위 축소(6대 범죄→2대 범죄) 법안 대안으

            로 의결

2022. 4. 20.   민주당, 안건조정위원회 회부 요청

            민주당 민형배 의원, 수사권 분리 법안처리 위한 탈당

2022. 4. 22.   박병석 국회의장 중재안 수용 결정

2022. 4. 26.   국민의힘, 긴급 의원총회에서 합의 파기

            안건조정위원회에서 대안 의결

2022. 4. 27.   법사위 전체 회의에서 안건조정위 대안으로 의결

2022. 5. 9.   검찰청법, 형사소송법 대안 본회의 가결

〈의원실 제안과 대안의 내용 비교〉

	민형배 안	위원회 대안
검찰청법	공소권만 유지 (수사권 및 사법 경찰관리 지휘·감독권 폐지)	검찰 수사권 축소 (6대 범죄 → 부패, 경제범죄 등)
		검사는 본인이 수사 개시한 범죄에 대해서 공소 제기 불가능
	검찰총장의 보수 및 대우를 차관 급에 준함	
	검찰청 직원 직무에서 수사를 제외 (검찰서기관·사무관)	
	검찰청 직원의 사법경찰관리 교체 임용 요구권 삭제	사법경찰관 송치 사건의 공소를 위해 동일 범죄 범위 내에서 수사 가능
	지방검찰청 검사장의 직선제, 주민 소환제 도입	
형사소송법	검사의 수사권 규정 삭제	사법경찰관 송치 사건은 동일성을 해치지 않는 범위 내에서 수사 가능
	검사의 압수, 수색 및 검증에 관한 집행 권한 삭제	별건 수사 금지

탈당·복당 SNS 게시물 리스트

날짜	구분	제목	내용
22.04.20	페이스북	보고 드립니다!	탈당 후 첫 포스팅
22.04.22	페이스북	국회의장의 입법권 전유(專有)는 반칙입니다!	박병석 의장의 여·야합의문 번복, 입법권 전유 비판
22.04.26	유튜브	[장외 5분발언] 시민 여러분께 보고 드립니다	탈당 결정, 영상보고
22.04.27	페이스북	'수사기소 분리 법안'이 법사위를 통과했습니다!	검찰청법, 형사소송법 개정안 법사위 통과
22.04.30	페이스북	'검찰청법 개정안' 국회 본회의 통과, 수사·기소 분리 등 검찰 정상화를 시작합니다!	검찰청법 본회의 통과
22.05.03	페이스북	검찰 정상화, 드디어 출발~!!	형사소송법 본회의 통과
22.05.13	페이스북	응원과 격려, 고맙습니다. 더욱 정진하겠습니다!	여성시대, 재명이네마을, 2030 여성당원 응원
22.05.15	페이스북	'채널A'가 정체성 운운? 너나 잘 하세요!	채널A 악의적 탈당 보도에 대한 입장
22.05.27	페이스북	'검찰제국'으로 가는 고속도로, 국힘의 합의 파기와 의회 정치 배신이 문제의 본질입니다!	탈당, 여·야 합의파기로 발생
22.05.29	페이스북	아쉬움 큽니다, 더욱 분발하겠습니다!	21대 국회 전반기 소회 탈당, 아프지만 피할 수 없는 책무
22.06.07	페이스북	고맙다 조선일보!	탈당에 대한 조선일보 악의적 보도
22.06.09	페이스북	권성동의 후안무치, 조선일보 '지시'인가?	권성동 '민형배 복당신청' 주장 반박
22.07.01	페이스북	당 복귀 결정은 민주당 지도부 몫입니다!	민형배 복당, 민주당 지도부가 결정할 몫

22.09.08	페이스북	국회 일하는 민형배의 추석 인사~^^	추석인사 겸 탈당 관련 간단한 소회
22.11.08	페이스북	웃기고 있네…?	탈당으로 운영위 참여 불가
22.11.23	페이스북	국회 본관 앞 농성 끝, 국힘을 믿어봐?	10.29참서 여·야 합의문, 파기된 검찰수사권조정 합의문 전철 밟지 말아야
22.12.07	페이스북 유튜브	치사한 잔머리꾼 '법빌한'?, 곧 유행어 하나 나옵니다! [장외 5분발언]법무부장관의 10억 도발? "법 Bless U!"	한동훈 '김의겸 질의에 10억 손배소' - 법 이용 정치적 도발 (위장탈당 언급)
22.12.22	페이스북	TV조선과 문화일보, 헌재에 대한 섭정야욕을 멈추시라!	수사·기소권 분리 관련 헌재결정 - 조선·문화일보 헌재 개입시도 경고
23.02.02	페이스북	밤샘 농성토론을 열며… "지금 민주당에는 수비수 아닌 공격수가 필요합니다!"	김건희 특검, 10·29 책임자 파면 농성토론 '행동하는 민주당 필요' 주장
23.02.14	페이스북	한동훈 같은 주호영의 착각, "민형배를 탈당시킨 후 법사위로 보냈다"고?	주호영 국힘 원내대표의 비판 반박 - 민형배 탈당시키고, 법사위로 보내
23.02.15	페이스북	첨단전략산업 마저 '탈당'과 엮는 조선일보, 조선이 조선합니다.	첨단산업특위 선정도 탈당과 엮는 조선일보 보도 반박
23.02.16	페이스북	첨단산업특위, 주 대표가 결단하면 양보하겠습니다.	주호영 원내대표 발언 반박 - 탈당과 첨단산업특위 연관있다
23.03.21	페이스북	국힘은 학폭 대책보다 검사정권 방탄국회가 먼저입니까?	국민의힘 주장에 대한 반박 - 정순신 자녀 학폭관련 안건조정위

23.03.28	페이스북	한동훈 장관과 국힘 쪽, 헌재 판결로 장난치지 마세요. 필요한 건 후속조치입니다. 제가 먼저 제안합니다!	한동훈, 국힘 주장에 대한 반박 - 헌재판결 후 복당 논란 제기 외
23.03.31	페이스북	꼼수장관 한동훈, 물풍선 터진다! 재밌는 인터뷰 하나 보고 가시게요~^^	주진우 라이브 인터뷰 소개 - 헌재판결 후 후속조치 계획 등
23.04.05	유튜브	[장외 5분발언] 헌재 결정 악의적 왜곡, 한동훈 등에 고합니다!	검사수사권조정 헌재판결 관련 국힘·한동훈 등의 악의적 해석 반박
23.04.07	페이스북	주호영 원대님, '흑역사' 뜻을 가르쳐 드려? 중차대한 정치합의파기 같은 배신을 흑역사라는겨~!! 국힘부터 반성문 쓰시길...	주호영 퇴임 기자회견 평가 - 탈당 '한국의정사 흑역사' → 합의파기에 대한 사과가 먼저
23.04.26	페이스북	고맙습니다.	복당 소회
23.04.28	유튜브	[장외 5분발언] 다시 시작입니다. 시민 뜻대로 검찰독재 저지, 개혁 완수에 혼신을 바치겠습니다!	탈당·복당 소회
23.04.29	페이스북	이제 외롭지 않습니다. 이팝나무 아래서 울컥합니다!	복당 소회 (지역위 핵심당원 총회 인사)

부록 2

검찰 정상화법 입안 추진 과정 타임라인

□ 2017년

○ 5월 10일 / 문재인 대통령 취임사에서 검찰 개혁 언급, 조국 민정
수석 내정

○ 5월 19일 / 윤석열 서울중앙지검장 임명

□ 2018년

○ 1월 14일 / 조국 민정수석, 권력 기관 재편 방안 발표(공수처 신설 등)

○ 6월 21일 / 검경 수사권 조정 합의

□ 2019년

○ 4월 25일 / 공수처 설치·검경 수사권 조정 등 패키지 입법 두고
여야 몸싸움

○ 4월 29일 / 국회 사개특위 검경 수사권 조정을 위한 형사소송법·검찰청법 개정안 신속 처리 안건(패스트트랙)으로 지정

○ 5월 1일 / 문무일 검찰총장 "수사권 조정안, 민주주의 원리에 반한다" 논란

○ 6월 17일 / 윤석열 검찰총장 후보자 지명

○ 8월 9일 / 조국 법무부 장관 후보자 지명

○ 12월 30일 / 공수처법 통과

□ 2020년

○ 12월 29일 / 더불어민주당, 검찰청법 폐지·중대범죄수사청 설치 등 검찰 정상화 입법 움직임 본격화

○ 1월 13일 / 패스트트랙으로 지정된 검경 수사권 조정안 관련 법 국회 본회의 통과, 검경 관계의 일대 전환

□ 2021년

○ 1월 21일 / 공수처 공식출범

○ 3월 3일 / 윤석열 총장, "검수완박은 부패완판(부패가 완전히 판친다)"

○ 12월 29일 / 윤석열, 총장직 사퇴

□ 2022년

○ 3월 9일 / 윤석열, 대통령 당선

○ 3월 24일 / 민주당, "새 정부 출범 전 검찰 개혁 총력"

○ 4월 7일 / 국회 법사위 '박성준-양향자 위원 사·보임'

○ 4월 8일 / 검찰, 전국 고검장 회의 등 집단 반발

○ 4월 12일 / 민주당, 검찰 수사권 분리 법안 당론 채택

○ 4월 13일 / 한동훈 법무부 장관 후보자 지명

○ 4월 15일 / **(법안 발의)** 검찰청법·형사소송법 개정안 발의

○ 4월 18일 / 국회 법사위 '소병철-민형배 위원 사·보임'

(소위 심사) 4. 18.~4. 26. 법사위 소위 총 5회 개최

직접 수사 개시 범위 축소(6대 범죄 → 2대 범죄) 법안 대안으로 의결

○ 4월 20일 / 민주당 민형배 의원, 수사권 분리 법안 처리 위한 탈당

○ 4월 22일 / 여야, '박병석 국회의장 중재안' 합의

○ 4월 25일 / 권성동 국민의힘 원내대표, '윤심' 반영한 여야 합의
번복

○ 4월 26일 / **(안건조정위 의결)** 23:37~23:54. 안건조정위 구성, 위 대
안으로 가결

○ 4월 27일 / **(법사위 전체회의)** 00:03~00:11. 절차상 반대 의견 제
시되었으나, 위 대안 가결

(본회의) 17:05~24:00. 검찰청법 개정안 상정, 무제한 토론 실시
중 24시 회기 종료

○ 4월 29일 / 국민의힘 유상범, 전주혜, 권한쟁의 심판 청구

○ 4월 30일 / **(본회의)** 16:22~24:00. 검찰청법 개정안 대안 가결, 형
사소송법 개정안 상정, 무제한 토론 실시 중 24시로 회기 종료

○ 5월 3일 / **(본회의)** 형사소송법 개정안 대안 가결

(국무회의 의결) 검찰청법·형사소송법 개정안 심의

○ 5월 9일 / 검찰청법·형사소송법 개정안 공포

○ 6월 27일 / 법무부, 권한쟁의 심판 청구, 효력 정지 가처분 신청

○ 7월 12일 / 헌법재판소, (국민의힘 제기) 권한쟁의 심판 사건 공개 변론

○ 8월 12일 / 법무부, 검사의 수사 개시 범죄 범위에 관한 규정(이하 시행령) 개정안 및 시행규칙 폐지안 입법 예고(~29)

○ 9월 1일 / 법무부, 시행령 개정안 차관회의 의결 (시행규칙은 부령으로 국무회의·차관회의 심의 대상 아님)

○ 9월 6일 / 법무부, 시행령 개정안 국무회의 심의

○ 9월 10일 / 검찰청법·형사소송법 개정안 시행

○ 9월 27일 / 헌법재판소, (법무부 제기) 권한쟁의 심판 사건 공개 변론

□ **2023년**

○ 3월 23일 / 헌법재판소, 권한쟁의 재판 선고

1. (2022. 4. 29. 청구)

- 청구인: 유상범, 전주혜

- 피청구인: 국회법제사법위원회 위원장, 국회의장

- 결과: 일부 인용, 기각(법사위 심의·표결권 침해 인정, 법사위·본회의 의결 및 입법 유효)

2. (2022. 6. 27, 청구)

   - 청구인: 법무부 장관 한동훈, 검사

   - 피청구인: 대한민국 국회

   - 결과: 각하(검사의 권한쟁의 심판 청구권 인정, 검사의 헌법상 권한
     훼손 불인정, 법무부 장관 당사자 적격 불인정)

○ 4월 26일 / 민형배 의원, 더불어민주당 복당

검찰 개혁 관련 주요 일정

1. 검찰개혁 및 사법제도 발전특별위원회 (사법특위)

- O 당시 MBC PD수첩 '스폰서 검찰' 보도로 검찰 개혁 요구 높아짐

- O 2010. 4. 23. 발족 (제18대 국회, 이명박 정부)

  - 위원장 박주선 (제20대 대통령취임준비위원회 위원장)

- O 검찰 개혁 4대 목표 아래 22개 개혁 과제 발표

2. 1차 검찰개혁특별위원회

- O 조국 법무부 장관 검찰 수사를 계기로 검찰 개혁 필요성 대두

- O 2019. 10. 1. 발족 (제20대 국회, 문재인 정부)

  - 위원장 박주민 (제20대, 제21대 국회의원)

3. 2차 검찰개혁특별위원회

- O 검찰 수사권 폐지 등 '검찰 개혁 시즌2'

- O 2020. 12. 29. 발족 (제21대 국회, 문재인 정부)

  - 위원장 윤호중 (전 더불어민주당 비상대책위원회 위원장)

4. 소결

- O 검경 수사권 조정은 사법특위에서 발표한 22개 개혁 과제 중 하

나로 꾸준히 거론

O 문재인 정부 출범 후 1·2차 검찰개혁특위 활동으로 일관되게 검
토해 온 사안

더불어민주당 검찰 개혁 관련 주요 활동 내역

1. 2020년

- O 7월 3일 / 검찰 개혁, 현주소와 향후 과제 정책 세미나(황운하 의원 주최)
  - (좌장) 김선택 교수(고려대 로스쿨) / (발제) 서보학 교수(경희대 로스쿨) / (토론) 김인회 교수(인하대 로스쿨), 조순열 변호사(법무법인 문무), 오창익 국장(인권연대), 김지미 변호사(민변 사법위원장)
- O 8월 12일 / 검찰 직접 수사 폐해와 개선 방안 토론회
- O 12월 29일 / 제2차 검찰개혁특별위원회 발족식

2. 2021년

- O 1월 5일 / 검찰개혁특위 회의 (매주 화요일)
- O 1월 7일 / 검찰개혁특위 회의
- O 1월 12일 / 검찰개혁특위 회의
- O 1월 20일 / 검찰개혁특위 수사기소분리 TF 회의
- O 1월 21일 / 검찰인사 직제개혁 TF 회의
  - (발제1) 정영훈 법률사무소 해율 대표변호사 / (발제2) 유승익 한동대 연구교수
- O 1월 26일 / 검찰조직문화 수사관행 개선 TF 회의

- (발제1) 이은성 변호사(미래LAW 대표변호사) / (발제2) 김정철 변호사(우리 대표변호사)

○ 1월 26일 / 검찰개혁특위 수사기소분리 TF 회의

○ 1월 28일 / 검찰조직문화 수사관행 개선 TF 회의

○ 1월 28일 / 검찰인사 직제개혁 TF 회의

○ 2월 1일 / 검찰개혁특위 수사기소분리 TF 회의

○ 2월 2일 / 검찰개혁특위 회의 * 매주 화요일

○ 2월 3일 / 검찰개혁특위 수사기소분리 TF 회의

○ 2월 8일 / 검찰개혁특위 회의, 수사기소분리 TF 회의

○ 2월 9일 / 검찰개혁특위 회의

○ 2월 16일 / 검찰개혁특위 회의

○ 2월 19일 / 검찰개혁특위 수사기소분리 TF 회의

○ 2월 21일 / 검찰개혁특위 수사기소분리 TF 회의

○ 2월 23일 / 수사기소 완전 분리를 위한 중대범죄수사청 설치 입법공청회

- (발제) 서보학 교수(경희대 로스쿨) / (토론) 김기창 교수(고려대 로스쿨), 오창익 국장(인권연대), 정영훈 변호사(법무검찰개혁위 대변인), 황희석 최고위원(열린민주당)

○ 3월 2일 / 검찰개혁특위 수사기소분리 TF 회의

○ 3월 4일 / 검찰개혁특위 회의

○ 3월 5일 / 검찰개혁특위 수사기소분리 TF 회의

○ 3월 9일 / 검찰개혁특위 임원단 회의 * 매주 화요일

○ 3월 16일 / 검찰개혁특위 수사기소분리 TF 회의

○ 3월 18일 / 검찰개혁특위 회의

○ 3월 24일 / 검찰개혁특위 수사기소분리 TF 회의

3. 2022년

○ 10월 27일 / 검찰 개혁 연속 세미나(1차)

  - 완전한 수사·기소 분리 법안의 조속한 처리 필요성과 입법 전략

  - (발제) 조성식 작가 / (토론) 서보학 교수(경희대 로스쿨), 김남준 변호사(법무법인 시민), 안진걸 소장(민생경제연구소), 전필건 기자(프리랜서)

○ 11월 3일 / 검찰 개혁 연속 세미나(2차)

  - 검찰 조직의 바람직한 개편 방향

  - (발제) 황희석 변호사(열린민주당 최고위원) / (토론) 유승익 교수(한동대학교), 김한균 연구원(형사정책연구원) 김지미 변호사(민변 사법센터 검경개혁 소위원장)

○ 11월 10일 / 검찰개혁 연속 세미나(3차)

  - 검사 직접 수사권 행사의 모순성과 폐단

  - (발제) 추미애 전 법무부 장관 / (토론) 오병두 교수(참여연대 사법감시센터 소장), 강진구 기자(열린공감TV), 조순열 변호사(법무법인 문무)